COMPOSTAJE ORGÁNICO DE JARDINERÍA

Tu jardín ecológico

<u>¡¡IMPORTANTE!!</u>

No tienes los derechos de Reproducción o Reventa de este Producto.

Este Ebook tiene © Todos los Derechos Reservados.

Antes de venderlo, publicarlo en parte o en su totalidad, modificarlo o distribuirlo de cualquier forma, te recomiendo que consultes a los autores, es la manera más sencilla de evitarte sorpresas desagradables que a nadie gustan.

Los autores no pueden garantizarte que los resultados obtenidos por ellos mismos al aplicar las técnicas aquí descritas, vayan a ser los tuyos.

Básicamente por dos motivos:

Sólo tú sabes qué porcentaje de implicación aplicarás para implementar lo aprendido (a más implementación, más resultados).

Aunque aplicaras en la misma medida que ellos, tampoco es garantía de obtención de las mismas ganancias, ya que incluso podrías obtener más, dependiendo de tus habilidades para desarrollar nuevas técnicas a partir de las aquí descritas.

Título:

TABLA DE CONTENIDOS

A los lectores

Unos pocos libros especiales viven en mi mente. Estos siempre fueron una lectura agradable. Las palabras del autor parecían hablarme directamente, como una conversación de un buen amigo que sale de sus ojos, corazón y alma. Cuando escribo intento que ocurra lo mismo para ti. Imagino que hay una audiencia que escucha mis palabras, sentada en sillas invisibles detrás de mi procesador de textos. Tú eres parte de ese grupo. Te visualizo tan sólidamente como puedo. Creo hablando contigo.

Me ayuda a imaginar que eres amable, que aceptas y entiendes mis ideas fácilmente. Luego me relajo, disfruto escribiéndote y procedo con el corazón abierto. Lo más importante, cuando el proceso creativo ha sido divertido, la escritura todavía brilla cuando la pulimento al día siguiente.

Escribí mi primer libro de jardinería para un público de uno: lo que parecía un vecino muy típico, alguien que sólo pensaba que sabía mucho sobre la cría de vegetales. Constitucionalmente, sólo respetaría y aprendería de una autoridad con "A" mayúscula que lo dirigiría paso a paso como lo hace una receta de un libro de cocina. Así que eso es lo que pretendía ser. El resultado fue una guía regional concisa y básica para la producción de vegetales durante todo el año. Dando numerosas charlas sobre jardinería y dando clases de maestría en jardinería mejoré mis libros posteriores. Con esta ampliación, amplié mi público imaginario y llené las sillas invisibles con todas las variedades de jardineros que tenían diferentes necesidades y objetivos.

Este libro en particular me da un problema de audiencia. Simultáneamente tengo en mente dos grupos bastante diferentes de compostadores. Lo que un grupo quiere el otro puede ser aburrido o incluso irritante. El grupo más pequeño incluye a jardineros serios como yo. Los jardineros de vegetales han estado tradicionalmente muy interesados en el compostaje, la construcción de suelo, y el mantenimiento de la materia orgánica del suelo. Estamos dispuestos a considerar cualquier cosa que pueda ayudarnos a cultivar un mejor jardín y disfrutamos de la ciencia agrícola a un nivel de lego.

El otro gran público, no cultiva alimentos en absoluto, o si lo hace es sólo unas pocas plantas de tomate en un parterre. Unos pocos son habitantes de apartamentos que, en el mejor de los casos, mantienen unas pocas plantas de interior. Sin embargo, incluso los inquilinos pueden querer vivir con mayor responsabilidad ambiental evitando contribuciones innecesarias de basura de cocina al sistema de tratamiento de aguas residuales. Del mismo modo, los propietarios de casas modernas quieren dejar de enviar los residuos de jardín a los vertederos. Hoy en día, los municipios pueden ofrecer incentivos a los propietarios de viviendas (o amenazarlos con sanciones) para que separen la basura orgánica y compostable del papel, el vidrio, el metal o el plástico. Las personas que pagan por la recogida de basura por volumen están descubriendo que pueden ahorrar cantidades considerables de dinero reciclando sus propios desechos orgánicos en casa.

El primer público está interesado en aprender sobre el papel del compost en la fertilidad del suelo, los mejores métodos de gestión del suelo y el cultivo de alimentos más saludables y nutritivos. Al igual que un panadero casero serio, el público busca recetas exigentes de compostaje que puedan resultar en una mayor calidad. El público dos quiere saber principalmente la manera más fácil y conveniente de reducir y reciclar los desechos orgánicos.

Tener dos objetivos en conflicto a la vez es la definición fundamental de un problema. No estar dispuesto a abandonar uno (o ambos) objetivos es lo que mantiene vivo un problema. Las necesidades diferentes y algo opuestas de estas dos audiencias hacen de este libro un problema. Para compensar, he colocado los complejos métodos de compostaje y las conexiones entre la fertilidad del suelo y la salud de las plantas al final del libro. Los primeros dos tercios pueden ser más que suficientes para los miembros más grandes y casuales de mi audiencia imaginaria. Pero no podría dividir completamente el mundo del compostaje en dos niveles completamente separados.

En su lugar, intenté escribir un libro tan interesante que los lectores que no tienen un jardín de comida seguirán queriendo leerlo hasta el final y se darán cuenta de que hay profundos beneficios en la producción de alimentos en casa. Estos van desde la salud física y emocional hasta una mayor libertad económica. Incluso si no parece aplicarse específicamente a sus necesidades de reciclaje, espero que se interesen más en cultivar algunos de sus propios alimentos. Creo que tendríamos un país más fuerte, saludable y sano si más americanos amantes de la libertad cultivaran jardines de alimentos.

¿QUÉ ES EL COMPOST?

¿Sabes lo que realmente sucede cuando las cosas se pudren? ¿Otros libros de jardinería te han confundido con significados vagos para palabras como "humus estabilizado"? Este libro no lo hará. ¿Temes que la fabricación de abono sea un proceso desagradable o difícil? No lo es.

Una pila de abono es en realidad un método rápido de cambiar materiales orgánicos crudos en algo parecido a la tierra, llamado humus. Pero la palabra "humus" es a menudo mal entendida, junto con las palabras "compost" y "materia orgánica". Y cuando ideas fundamentales como estas no están realmente definidas en la mente de una persona, todo el tema del que forman parte puede confundirse. Así que este capítulo aclarará estos fundamentos.

La fabricación de abono es un proceso simple. Si se hace correctamente se convierte en una parte natural de sus actividades de jardinería o mantenimiento del jardín, tanto como cortar el césped. Y hacer abono no tiene que requerir más esfuerzo que embolsar los desechos del jardín.

Manejar un abono bien hecho es siempre una experiencia agradable. Es fácil ignorar los orígenes vulgares del compost porque no hay similitud entre la sustancia desmenuzable de buen olor, marrón o negra, extraída de una pila de compost y el estiércol, la basura, las hojas, los recortes de hierba y otros productos de desecho con los que se inició.

Definido con precisión, el compostaje significa "mejorar el consumo de materia orgánica cruda por una compleja ecología de organismos de descomposición biológica". A medida que las materias orgánicas crudas son consumidas y re-consumidas por muchos, muchos organismos diminutos desde bacterias (los más pequeños) hasta lombrices de tierra (los más grandes), sus componentes son gradualmente alterados y recombinados. Los jardineros a menudo usan los términos materia orgánica, abono y humus como identidades intercambiables. Pero hay importantes diferencias de significado que deben ser explicadas.

Esta materia, esta materia orgánica de la que los jardineros de alimentos se preocupan vitalmente, está formada por el cultivo de plantas que fabrican las sustancias de la vida. La mayoría de las moléculas orgánicas son ensamblajes muy grandes y complejos, mientras que los materiales inorgánicos son mucho más simples. Los animales pueden descomponer, reensamblar y destruir la materia orgánica, pero no pueden crearla. Sólo las plantas pueden fabricar materiales orgánicos como celulosa, proteínas y azúcares a partir de minerales inorgánicos derivados del suelo, el aire o el agua. Los elementos con los que las plantas construyen incluyen calcio, magnesio, potasio, fósforo, sodio, azufre, hierro, zinc, cobalto, boro, manganeso, molibdeno, carbono, nitrógeno, oxígeno e hidrógeno.

Así que la materia orgánica de las plantas terrestres y marinas alimenta toda la cadena de la vida, desde los gusanos hasta las ballenas. Los seres humanos están más familiarizados con los animales grandes; rara vez consideran que el suelo también está lleno de vida animal que consumen activamente materia orgánica o que se consumen unos a otros. La tierra rica abunda en organismos unicelulares como bacterias, actinomicetos, hongos, protozoos y rotíferos. Las formas de vida del suelo aumentan en complejidad hasta llegar a los microscópicos gusanos redondos llamados nematodos, varios tipos de moluscos como caracoles y babosas (muchos tan pequeños que el jardinero no tiene ni idea de que están poblando el suelo), miles de miembros casi microscópicos que habitan el suelo de la familia de las arañas que los zoólogos llaman artrópodos, los insectos en toda su profusión y complejidad, y, por supuesto, ciertos animales del suelo más grandes con los que la mayoría de nosotros estamos familiarizados, como los topos. La suma total de toda esta materia orgánica: plantas vivas, materiales vegetales en descomposición, y todos los animales, vivos o muertos, grandes y pequeños, se denomina a veces "biomasa" o "humus". Una forma realista de medir la fertilidad de cualquier cuerpo de suelo en particular es sopesar la cantidad de biomasa que sostiene.

El humus es un tipo especial y muy importante de materia orgánica descompuesta. Aunque los científicos han estudiado intensamente el humus durante un siglo o más, todavía no conocen su fórmula química. Es cierto que el humus no tiene una estructura química única, sino que es una mezcla muy compleja de sustancias similares que varían según los tipos de materia orgánica que se descompone, y las condiciones ambientales y los organismos específicos que producen el humus.

Sea cual sea su variada química, todo el humus es marrón o negro, tiene una textura fina y desmenuzable, es muy ligero cuando está seco y huele a tierra fresca. Es como una esponja, que mantiene varias veces su peso en el agua. Como la arcilla, el humus atrae los nutrientes de las plantas como un imán, por lo que no son tan fácilmente lavados por la lluvia o la irrigación. Luego el humus devuelve los nutrientes a las plantas. En palabras de la ciencia del suelo, este funcionamiento como una batería de almacenamiento de minerales se llama capacidad de intercambio catiónico. Más sobre eso más tarde.

Lo más importante es que el humus es la última etapa de la descomposición de la materia orgánica. Una vez que la materia orgánica se ha convertido en humus se resiste a una mayor descomposición. El humus se pudre lentamente. Cuando el humus es descompuesto por los microbios del suelo, deja de ser materia orgánica y vuelve a ser una simple sustancia inorgánica. Esta destrucción final de la materia orgánica a menudo se llama nitrificación porque una de las principales sustancias liberadas es el nitrato, ese fertilizante vital que hace que las plantas crezcan verdes y rápidamente.

Probablemente sin darse cuenta, muchos no-jardineros ya han raspado esa fina capa de humus casi puro que se forma naturalmente en el suelo del bosque donde las hojas y las agujas entran en contacto con el suelo. La mayoría de los americanos serían repelidos por muchas de las sustancias que se descomponen en humus. Pero, por muy meticulosos que seamos, la mayoría no se sentiría ofendida si acunara una cucharada de humus, la llevara a la nariz y la oliera con gusto. Parece haber algo incorporado en la naturaleza más primaria de los humanos que le gusta el humus.

En la naturaleza, la formación de humus es un proceso lento y constante que no ocurre en un solo paso. Las plantas crecen, mueren y finalmente caen a la tierra donde los organismos que habitan en el suelo las consumen a ellas y a los demás hasta que finalmente no queda ningún rastro reconocible de la planta original. Sólo queda una pequeña cantidad de humus, localizado cerca de la superficie del suelo o llevado a las profundidades por las lombrices excavadoras. Alternativamente, las plantas en crecimiento son consumidas por animales que no viven en el suelo, cuyo estiércol cae al suelo donde entra en contacto con los organismos que lo consumen y entre sí hasta que no queda ningún rastro reconocible del material original. Queda una pequeña cantidad de humus. O el propio animal eventualmente muere y cae a la tierra donde ....

El compostaje acelera artificialmente la descomposición de la materia orgánica bruta y su recombinación en humus. Lo que en la naturaleza puede llevar años, podemos hacer que ocurra en semanas o meses. Pero el compost que parece listo para trabajar en el suelo puede no haberse convertido aún en humus. Aunque es marrón y desmenuzable y tiene buen olor y está bien descompuesto, puede que sólo se haya podrido parcialmente.

Cuando se entierra en el suelo en ese momento, el abono no actúa a la vez como un poderoso fertilizante y no contribuirá inmediatamente al crecimiento de las plantas hasta que se haya descompuesto más. Pero si se permite que el compostaje se lleve a cabo hasta que prácticamente toda la materia orgánica se haya transformado en humus, una gran cantidad de biomasa se reducirá a un resto relativamente diminuto de una sustancia muy valiosa mucho más útil que el fertilizante químico.

Durante miles de años, los jardineros y agricultores tenían pocos fertilizantes aparte del estiércol animal y el compost. Éstos siempre se consideraron sustancias muy valiosas y existía una gran cantidad de conocimientos sobre su uso. Durante la primera parte de este siglo, nuestro enfoque cambió hacia el uso de productos químicos; los desechos orgánicos se consideraban a menudo como molestias de poco valor. Hoy en día estamos redescubriendo el compost como un agente de mejora del suelo y también descubriendo que debemos compostar los materiales de residuos orgánicos para reciclarlos de una manera ecológicamente correcta.

HACIENDO COMPOST

Las analogías más cercanas al compostaje que puedo imaginar son la elaboración de productos fermentados similares como el pan, la cerveza o el chucrut. Pero el compostaje es mucho menos exigente. Aquí puedo hablar con autoridad, ya que durante mi época de indiscreciones de juventud hice que las visitas a mi mesa de la cocina fueran lo suficientemente buenas como para tenerlas casi todas las noches. Ahora, tras haber sido instruido de mala gana por un hígado algo magullado por el alcohol, soy el panadero de la familia que hace dos o tres grandes panes de centeno/trigo de grano recién molido cada semana sin falta.

El brebaje es peligroso. Todo debe ser esterilizado y la fermentación debe hacerse rápidamente en un estrecho rango de temperaturas. Si los organismos extraviados encuentran un hogar durante la fermentación, pueden producirse sabores desagradables y/o resacas terribles. El sabio cervecero comienza con la cepa de levadura más pura y adecuada que un laboratorio profesional pueda suministrar. La fabricación de cerveza es un proceso adecuado para la mentalidad de precisión, debe hacerse así. Afortunadamente, con cada lote usamos los mismos extractos de malta, los mismos lúpulos, la misma levadura, los mismos aromas y, si somos jóvenes y tontos, los mismos monosacáridos para aumentar el octanaje por encima del seis por ciento. Pero una vez que se encuentra la fórmula y se elaboran los materiales, lote tras lote sale como se desea.

Así es con la fabricación de pan. Los ingredientes están estandarizados y son repetibles. Puedo comprar a bajo costo varias fanegas de trigo y centeno a la vez, lo suficiente para que duren un año. Cada saco de esa compra tiene las mismas cualidades de panificación. Los ingredientes menores que modifican las cualidades de mi masa o los sabores del pan también son repetibles. Mi levadura es siempre la misma; si utilizo el iniciador de masa madre, mi mezcla individualizada de levaduras silvestres sigue siendo la misma de un lote a otro y pronto aprendo su naturaleza. Mi horno de levadura siempre está cerca de la misma temperatura; al hornear, pronto aprendo a ajustar la temperatura del horno y el tiempo de horneado para producir el tipo de corteza y de cocción que deseo. Precisionista, sí. Debo hornear cada lote de forma idéntica si quiero que los panes sean uniformemente buenos. Pero no imposiblemente riguroso, porque una vez que aprenda los materiales y el horno, lo tendré claro.

El compostaje es similar, pero diferente y más fácil. Similar en que la descomposición es muy parecida a cualquier otra fermentación. Diferente en que el compositor casero raramente tiene exactamente los mismos materiales para trabajar de lote a lote, no necesita controlar la pureza y la naturaleza de los organismos que harán el trabajo real de la formación de humus, y tiene una amplia selección de materiales que pueden ir en un lote de compostaje. Más fácil porque la gente crítica y quisquillosa no come ni bebe compost, el suelo lo hace; el suelo y la mayoría de las plantas, dentro de amplios límites, tolerarán felizmente amplias variaciones en la calidad del compost sin quejarse.

Algunos compostadores son muy quisquillosos y, al igual que los buenos panaderos o los hábiles cerveceros, se esfuerzan mucho por producir un material exactamente a su gusto utilizando métodos complejos. Por lo general, se trata de jardineros de alimentos con una gran preocupación por la salud, la calidad nutricional de los alimentos que cultivan y la mejora del crecimiento de sus verduras. Sin embargo, hay numerosas formas más simples y menos rigurosas de compostaje que producen un producto casi tan bueno con mucho menos trabajo. Estos métodos más básicos atraerán al jardinero de patio menos comprometido o al propietario de la casa con césped, arbustos y tal vez unos pocos parterres de flores. Un método único adecuado para manejar la basura de la cocina, el lombricompostaje (gusanos o lombrices), puede ser atractivo incluso para el ecologista que vive en un apartamento con unas pocas plantas de interior.

UN PROCESO DE COMPOSTAJE EXTREMADAMENTE CRUDO

He estado desarrollando un sistema de compostaje adaptado personalmente durante los últimos veinte años. He pasado por varios métodos. He usado y abandonado las trituradoras, he usado contenedores caseros y luego he cambiado a montones de crudo; he hecho compostaje, he hecho mantillo y he usado abono verde. Primero hice abono en un terreno de medio acre donde mantener un aspecto ordenado era una preocupación razonable. Ahora, viviendo en el campo, no me preocupa lo que los vecinos piensen de mis montones porque la casa del vecino más cercano está a 800 metros de mi área de abono y vivo en el campo porque no me importa mucho lo que piensen mis vecinos.

Por eso ahora hago abono de forma tan tosca. Hay muchos refinamientos que podría usar, pero no me molesto en este momento. Todavía consigo un buen abono. Lo que sigue debe entenderse como una descripción de mi método único y personal adaptado a mi temperamento y al clima en el que vivo. Comienzo este libro con un ejemplo tan simple porque quiero que vean lo fácil que puede ser hacer un abono perfectamente utilizable. Mi intención es que esta descripción sea una inspiración, no una emulación.

Soy un serio jardinero de alimentos. A partir de la primavera empiezo a acumular grandes cantidades de vegetación que requieren ser manipuladas. Hay tocones y tallos leñosos de varios miembros de la familia de las coles que suelen pasar el invierno en los inviernos suaves del oeste de Oregón. Estas bienales florecen en abril y en ese momento las saco del jardín con una buena cantidad de tierra adherida a las raíces. Estos materiales ásperos forman la capa inferior de una nueva pila.

Como el primer principio de la vida abundante es producir dos o tres veces más de lo que crees que necesitarás, mi jardín demasiado grande produce docenas y docenas de tales tocones y aún más docenas de coles saboyanas sin comer, más docenas de tallos de coles de Bruselas de tres pies de alto y cargas de carro de enormes plantas de col rizada en flor. Al mismo tiempo, de nuestro garaje aislado, pero sin calefacción vienen cubos y cajas de patatas germinadas y carros llenos de calabazas de invierno mohosas sin comer. Puede que también haya algunas cajas de manzanas marchitas del otoño pasado. Patatas germinadas, calabazas enmohecidas y manzanas arrugadas se extienden sobre la base de tallos de latón.

Cultivo mis propias semillas de hortalizas siempre que es posible, en particular para las bienales como las brasicáceas, las remolachas y las escarolas. Durante el verano estas generan grandes cantidades de paja para compostaje después de que la semilla es golpeada. Normalmente hay un gran parche de frijoles secos que también produce mucha paja. Hay recortes de vegetales, y grandes cantidades de material vegetal cuando se terminan las camas viejas sembradas en primavera y se replanta el suelo para la cosecha de otoño. Con la primera helada de octubre hay una gran cantidad de limpieza del jardín.

A medida que se adquiere cada uno de estos materiales, se coloca temporalmente junto al montón, en espera de los constantes derrames de nuestro cubo de abono de cocina de 10 litros. Nuestra casa genera bastante basura, especialmente durante el verano cuando estamos enlatando o haciendo jugo a nuestros cultivos. Pero no tenemos moscas ni olores de basura podrida que provengan de la pila de abono, porque a medida que cada cubo se extiende sobre el centro de la pila, la basura se cubre inmediatamente con varios centímetros de vegetación seca o marchita y un poco de tierra.

Para octubre, el montón ha alcanzado unos dos metros de altura, cinco metros de largo y unos dos metros de ancho en la base. No he hecho ningún intento de regar esta pila como se construyó, así que está bastante seca y apenas se ha descompuesto. Pronto llegarán las lluvias de invierno por las que el noroeste marítimo es famoso. Desde mediados de octubre hasta mediados de abril llovizna casi todos los días y llueve bastante fuerte en ocasiones. Caen unos 45 centímetros de agua. Pero el montón está vagamente apilado con muchos espacios de aire en su interior y gran parte de la vegetación comenzó el invierno en una forma seca y madura con una "corteza" o piel bastante dura que resiste la descomposición. Los días de invierno tienen un promedio de 40 años, por lo que se produce poca descomposición.

Aún así, para el próximo abril la mayor parte de la pila se ha vuelto bastante húmeda. Algunas partes de la basura se han descompuesto significativamente, otras no; la mayor parte es todavía bastante reconocible, pero gran parte de la vegetación tiene una capa grisácea de microorganismos o ha comenzado a volverse marrón claro. Ahora vienen las únicas dos horas realmente duras de esfuerzo para hacer abono cada año. Durante buena parte de una mañana, volteo la pila con un tenedor y una pala para estiércol, construyendo una nueva pila junto a la vieja.

Primero quito la parte exterior apenas rota, a cuatro o cinco
pulgadas de la vieja pila; esto hace la base de la nueva. Desenredar
las largas y fibrosas hierbas, tallos de semillas y brotes de Bruselas
del resto puede hacerme sudar e incluso maldecir, pero
afortunadamente debo detenerme de vez en cuando para rociar agua
donde el material permanece seco y atrapar mi viento. Luego,
reordené el resto para que los tocones de latón medio
descompuestos y otros grandes trozos se coloquen en el centro
donde la pila se calentará más y la descomposición procederá más
rápidamente. A medida que reformo el material, aquí y allá rocío
ligeramente un poco de tierra removida de alrededor de la pila
original. Cuando termino de voltearlo, el nuevo montón tiene unos
cinco pies de alto, seis pies de ancho en la parte inferior, y unos ocho
pies de largo. El exterior está entonces cubierto con una fina capa de
tierra negra y desmenuzable, raspada en el lugar donde estaba el
montón original antes de que lo girara.

Usar herramientas de mano para la mayoría de los trabajos de
jardinería, como desherbar, cultivar, labrar y voltear montones de
abono no es tan difícil ni tan lento como la mayoría de la gente cree
si se tienen las herramientas adecuadas y afiladas.
Desafortunadamente, el conocimiento de cómo usar las herramientas
de mano ha desaparecido en gran medida. Nadie tiene un abuelo
criado en la granja que les muestre lo fácil que es usar una pala
afilada o lo imposible que puede ser clavar una aburrida en el suelo.
Del mismo modo, desherbar con una azada -aguda- es fácil y rápido.
Pero la mayoría de las azadas nuevas se venden sin siquiera un
bisel adecuado en la cuchilla, mucho menos con un borde que ha
sido cuidadosamente afilado. Así que después de trabajar con palas
y azadas sin filo, muchos cultivadores de alimentos caseros
concluyen erróneamente que el cultivo no es posible sin usar un
cultivador rotativo tanto para la labranza como para el deshierbe
entre las filas. Pero en lugar de una costosa máquina a gasolina,
todo lo que necesitaban era un poco de conocimiento y una lima de
dos euros.

Del mismo modo, convertir el abono puede ser una tarea imposible, que requiere mucho sudor y esfuerzo, o puede ser relativamente rápido y fácil. Es muy difícil clavar incluso una pala muy afilada en una pila de abono. Uno necesita un tenedor de heno, algo que la mayoría de la gente llama "horquilla". El mejor tipo para esta tarea tiene un mango muy largo y delicado y cuatro púas finas y afiladas de un pie de largo. Los tenedores con más de cuatro veces agarran demasiado material. Si el montón no se ha podrido muy bien y todavía contiene mucho material largo y fibroso, una horquilla de cinco o seis púas agarrará demasiado y puede requerir demasiada fuerza. Las horquillas de púas con cuatro palas planas y anchas no funcionan bien para girar montones, pero -in extremis- preferiría una a una pala.

Además, hay palas y luego, hay palas. La mayoría de los jardineros saben la diferencia entre una pala y una pala. No intentarían recoger y lanzar material con una pala diseñada sólo para trabajar directamente hacia abajo y aflojar la tierra. Sin embargo, ¿sabías que hay diferencias de diseño en la forma de la pala y el ángulo del mango de las palas. La pala "combinada" normal está hecha para que los constructores muevan montones de arena o grava pequeña. Sin embargo, usa una pala combinada para raspar el abono fino y suelto que no puede ser retenido por una horquilla y rápidamente te dolerá la espalda por haberte agachado tanto. Peor aún, la pala combinada tiene una hoja decididamente curvada que no se raspará mucho con cada golpe.

Una mejor opción es una pala de hoja plana y frente cuadrada diseñada para levantar materiales sueltos y de textura fina de superficies duras. Sin embargo, incluso bien afiladas, estas tienden a pegarse cuando chocan con cualquier obstáculo. La mejor es una "pala de irrigación". Es una herramienta ligera que parece una pala combinada ordinaria, pero con una hoja redondeada más plana y afilada que se sujeta al mango en un ángulo mucho más agudo, lo que permite al usuario pararse más derecho cuando trabaja. Las palas de riego son perfectas para recoger la tierra suelta y echarla a un lado, para hacer zanjas o surcos en la tierra labrada y para raspar los últimos trozos de un montón de abono que se está volviendo.

Una vez volteado, mi pila de tierra se calienta rápidamente. No es tan caliente como los montones pueden cocinar, pero hace vapor en las frías mañanas durante unas pocas semanas. Para mediados de junio las cosas se han enfriado. Las lluvias también han cesado y el montón se está secando. También se ha hundido considerablemente. Una vez más volteo el montón, regándolo con una fina niebla mientras lo hago. Este giro es mucho más fácil ya que los tallos leñosos de latón casi han desaparecido. Los trozos que quedan como entidades visibles se ponen de nuevo en el centro de la nueva pila; la mayoría de las cosas más grandes y menos descompuestas vienen del exterior del viejo montón. Gran parte del material se ha vuelto de color marrón a negro y sus orígenes no son reconocibles. El montón ahora se reduce a cuatro pies de alto, cinco pies de ancho y cerca de seis pies de largo. De nuevo lo cubro con una fina capa de tierra y esta vez pongo una hoja reciclada algo quebradiza de plástico transparente sobre él para retener la humedad y aumentar la temperatura. Una vez más, la pila se calienta brevemente y luego se suaviza durante el verano.

En septiembre el montón está lo suficientemente acabado como para ser usado. Tiene unos 30 centímetros de altura y se ha reducido a menos de un octavo de su volumen inicial hace 18 meses. El abono que no esparzo durante el otoño está protegido con plástico para que no se filtre por las lluvias invernales y se usará en la próxima primavera. Tiempo transcurrido: 18-24 meses de principio a fin. Esfuerzo total: tres vueltas. Calidad: muy útil.

Obviamente mi método es aceptable para mí porque la pila no es fácilmente visible para los residentes o vecinos. También le conviene a una persona perezosa. Es un sistema muy lento, está bien para alguien que no tiene prisa por usar su abono. Pero pocos de mis lectores viven en propiedades realmente rurales; esperemos que la mayoría de ellos no sean tan perezosos como yo.

En este punto podría recomendar métodos alternativos y mejorados para hacer compost, como las recetas de libros de cocina, de las cuales el lector podría escoger. Podría haber una pequeña receta de patio, la receta rápida, la receta de apartamento, la receta de invierno, la de hacer abono cuando no se puede hacer una pila de recetas. En su lugar, prefiero felicitar su inteligencia y explorar primero los principios detrás del compostaje. Creo que la comprensión de los fundamentos te permitirá funcionar como un individuo autodeterminado y adaptar los métodos existentes, resolver problemas si surgen, o crear algo personal y excepcionalmente correcto para tu situación.

FUNDAMENTOS DEL COMPOSTAJE

La gestión de los sistemas vivos suele ir mejor cuando nuestros métodos imitan los de la naturaleza. Aquí hay un ejemplo de lo que sucede cuando no lo hacemos.

Las personas que mantienen peces tropicales en acuarios caseros son informadas de que para evitar numerosas enfermedades de los peces deben mantener condiciones estériles. Cuando los peces se enferman o empiezan a morir, se aconseja al aficionado que ponga antibióticos o antisépticos suaves en el tanque, matando la mayoría de las formas de microvida. Pero la naturaleza no es estéril. La naturaleza es saludable.

Como muchos habitantes de apartamentos, en mis veinte años crié peces tropicales y crecí plantas de interior sólo para tener algo de vida alrededor. Las plantas lo hicieron bien; supongo que siempre he tenido un pulgar verde. Pero al cansarme de los peces moribundos y de las floraciones bacterianas que nublaban el agua, pensé que ninguno de los peces que había visto en la naturaleza estaba enfermo y que su agua era normalmente bastante clara. Tal vez el problema era que mi acuario tenía una ecología demasiado simplificada y mis peces se alimentaban de comida procesada y muerta cuando en la naturaleza la ecología era muy compleja y los peces comían cosas vivas. Así que valientemente intenté la cosa más radical que se me ocurrió; fui al campo, encontré un pequeño estanque y de él traje a casa un cuarto de litro de mugre del fondo y agua de estanque que vertí en mi propio acuario. En lugar de introducir innumerables enfermedades y eliminar a mis peces, en realidad había introducido innumerables seres vivos que comenzaron a multiplicarse rápidamente. El agua pronto se volvió cristalina. Pronto los peces se negaron a comer los copos de comida científicamente formulados que yo les suministraba. La profusa variedad de pequeñas criaturas que ahora vivían en la grava del tanque se las comieron en su lugar. Los peces se comieron a las criaturas y se volvieron perfectamente saludables.

Cuando los caracoles que introduje con el lodo del estanque eran tan numerosos que cubrían los cristales y empezaban a oscurecer mi vista, aplastaba un montón de ellos contra la pared del acuario y los peces se atiborraban de carne fresca de caracol. Los peces ángel y los guppys especialmente comenzaron a esperar mis masacres de caracoles y se agrupaban alrededor de mi mano cuando los ponía en el tanque. Con una dieta de seres vivos en una ecología natural, incluso especies muy difíciles comenzaron a reproducirse.

Los agricultores orgánicos y biológicos consideran que las prácticas agrícolas "científicas" modernas son una situación similar. En lugar de imitar la compleja estabilidad de la naturaleza, los agricultores industriales utilizan la fuerza, tratando de doblar a su voluntad un ecosistema simplificado no natural. Como resultado, la mayoría de los distritos agrícolas están perdiendo suelo a un ritmo no sostenible y producen alimentos de menor contenido nutritivo, lo que da lugar a una disminución de la salud de todas las formas de vida que se alimentan de la producción de nuestras granjas. Incluyéndonos a nosotros.

Soy muy consciente de que estas condenas pueden sonar bastante radicales para algunos lectores. En un libro como este no puedo ofrecer un apoyo adecuado a mis preocupaciones sobre la fertilidad del suelo y la salud de la nación, pero puedo remitir al lector a la bibliografía, donde se pueden encontrar libros sobre estos asuntos de escritores mucho más sabios que yo. Recomiendo especialmente los trabajos de William Albrecht, Weston Price, Sir Robert McCarrison y Sir Albert Howard.

HACIENDO HUMUS O COMPOSTAJE

Antes de preguntar cómo se hace el compostaje, ya que la naturaleza es muy eficiente, quizás nos beneficiaría examinar primero cómo la naturaleza devuelve la materia orgánica al suelo de donde proviene. Si lo hacemos casi tan bien, podemos estar orgullosos.

Donde se permite que la naturaleza opere sin la intervención humana, cada lugar desarrolla un nivel estable de biomasa que es inevitablemente la mayor cantidad de vida orgánica que ese sitio podría soportar. Ya sea un bosque caducifolio, un bosque de coníferas, una pradera o incluso un desierto, la naturaleza aprovecha al máximo los recursos disponibles y eleva el drama de la vida a su máxima intensidad y complejidad. Habrá tantos mamíferos como sea posible, tantos insectos, tantos gusanos, tantas plantas que crezcan lo más posible, tanta materia orgánica en todas las etapas de descomposición y la máxima cantidad de humus relativamente estable en el suelo. Todas estas formas de organismos vivos y en descomposición están vinculadas en un sistema complejo; cada parte está tan estrechamente conectada a todas las demás que si una de ellas se reduce o aumenta, todas las demás también cambian.

La eficiente descomposición de las hojas en el suelo de un bosque es un buen ejemplo de lo que podríamos esperar lograr en una pila de abono. Bajo la sombra de los árboles y el mantillo espeso de hojas, el suelo del bosque suele permanecer húmedo. Aunque las hojas tienden a estera donde entran en contacto con el suelo, la capa húmeda, algo compactada, es lo suficientemente delgada como para permitir que el aire esté en contacto con todos los materiales y entre en el suelo.

Viviendo en esta capa superior de suelo esponjoso, desmenuzable y húmedo, mezclado con el material de las hojas y el humus, son los animales que comienzan el proceso de humificación. Muchos de estos descomponedores primarios son animales más grandes, parecidos a los insectos, comúnmente conocidos por los jardineros, incluyendo los piojos de la madera que llamamos chinches de la píldora porque se enrollan defensivamente en duros caparazones parecidos a los armadillos, y las tijerillas altamente intrusivas que mi hija llama chinches del pellizco. También hay numerosos tipos de larvas de insectos ocupados en el trabajo.

Una persona podría pasar toda su vida tratando de entender la ecología de un solo puñado de tierra vegetal rica en humus. Durante un siglo, numerosos biólogos del suelo han estado haciendo justamente eso y aún así el trabajo no ha terminado. Dado que los jardineros, y mucho menos la gente común, rara vez están interesados en observar y nombrar a los pequeños animales del suelo, especialmente estamos desinteresados en aquellos que no hacen daño a nuestros cultivos, los animales del suelo se suelen delinear sólo con nombres científicos en latín. Las variaciones con las que los animales del suelo viven, comen, digieren, se reproducen, atacan y se defienden llenan secciones enteras de las bibliotecas científicas académicas.

Durante la redacción de este libro me sumergí bastante en este tema y leí mucho más profundamente en la biología del suelo y la microbiología de lo que pensaba. Aunque esta área de conocimiento me ha divertido, dudo que entretenga a la mayoría de ustedes. Si lo hace, les recomiendo que primero consulten los materiales de fuentes especializadas que figuran en la bibliografía para una introducción a un enorme universo de literatura.

No les haré bostezar mencionando largos y desconocidos nombres en latín. No les sorprenderé con descripciones de complejos métodos de reproducción y bellas estrategias de supervivencia. Los jardineros no necesitan realmente esta información. Pero manejar la tierra de manera que los animales del suelo sean ayudados y no destruidos es esencial para una buena jardinería. Y hay algunas cualidades de los animales del suelo que se encuentran en casi todos ellos. Si somos conscientes de las características generales de los animales del suelo podemos evaluar nuestras prácticas de compostaje y jardinería por su efecto en estas minúsculas criaturas.

Comparado con la atmósfera, el suelo es un lugar donde las fluctuaciones de temperatura son pequeñas y lentas. En consecuencia, los animales del suelo son generalmente intolerantes a los cambios repentinos de temperatura y pueden no funcionar bien en un rango muy amplio. Por eso, dejar la tierra desnuda expuesta al caluroso sol del verano suele retrasar el crecimiento de las plantas y por eso muchos atentos jardineros dejan un fino mantillo en verano o intentan establecer rápidamente un dosel de hojas refrescantes para dar sombra a los lechos elevados. Excepto por unos pocos microorganismos, los animales del suelo respiran oxígeno como otros seres vivos y por lo tanto dependen de un suministro de aire adecuado. Donde el suelo no tiene aire debido a la compactación, al drenaje deficiente o a grandes proporciones de arcilla muy fina, los animales del suelo son pocos en número.

El entorno del suelo es generalmente bastante húmedo; incluso cuando el suelo parece un poco seco la humedad relativa del aire del suelo suele acercarse al 100 por ciento. Por consiguiente, los animales del suelo no han desarrollado la capacidad de conservar la humedad de su cuerpo y mueren rápidamente por las condiciones de sequedad. Cuando se enfrentan a la desecación se retiran más profundamente en el suelo si hay oxígeno y espacios de poros lo suficientemente grandes para moverse. Así que vemos otra razón por la que un mantillo delgado que conserva la humedad de la superficie puede aumentar enormemente la población beneficiosa de animales del suelo. Algunos animales unicelulares y gusanos redondos son capaces de sobrevivir al estrés por medio de la incisión, formando una pequeña "semilla" que preserva su material genético y suficiente alimento para reactivarlo, volviendo a la vida cuando las condiciones mejoran. Estos quistes pueden soportar largos períodos de congelación severa y a veces temperaturas de más de 150 grados F o 65ºC.

Los habitantes de la hojarasca residen cerca de la superficie y, por lo tanto, deben poder experimentar la exposición al aire más seco y a la luz durante cortos períodos de tiempo sin sufrir daños. Los hígados más grandes de la hojarasca se llaman descomponedores primarios. Pasan la mayor parte del tiempo masticando la gruesa reserva de hojas húmedas en contacto con el suelo del bosque. Los descomponedores primarios son incapaces de digerir la hoja entera. Sólo extraen de sus alimentos las sustancias fácilmente asimilables: proteínas, azúcares y otros carbohidratos y grasas simples. La celulosa y la lignina son las dos sustancias que componen las partes duras, permanentes y leñosas de las plantas; estos materiales no pueden ser digeridos por la mayoría de los animales del suelo. Curiosamente, al igual que en el rumen de una vaca, hay unas pocas larvas cuyo tracto digestivo contiene bacterias que descomponen la celulosa, pero estas larvas tienen poco efecto general.

Después de que los consumidores primarios han terminado, las hojas han sido desintegradas mecánicamente y humedecidas a fondo, trabajadas, masticadas en pedazos diminutos y convertidas en minúsculos pedazos de excremento húmedo que todavía contiene enzimas digestivas activas. Muchas de las bacterias y hongos que estaban presentes en la superficie de las hojas han pasado por este proceso de digestión inicial vivas o como esporas esperando y listas para activarse. En este sentido, los excrementos de los descomponedores primarios no son muy diferentes al estiércol de los grandes mamíferos vegetarianos como las vacas y las ovejas, aunque en trozos mucho más pequeños.

Los desechos digestivos de los descomponedores primarios están completamente inoculados con microorganismos que pueden consumir celulosa y lignina. Aunque parece humus, aún no se ha descompuesto completamente. Tiene una estructura granular que retiene el agua y facilita la presencia de aire y humedad en toda la masa, creando las condiciones perfectas para que proceda la digestión microbiana.

Este excremento también es el alimento de un grupo diverso de animales del suelo casi microscópicos llamados descomponedores secundarios. Estos son incapaces de comer nada que no haya sido ya predigerido por los descomponedores primarios. La combinación de microbios y enzimas digestivas de los descomponedores primarios y secundarios descompone la celulosa resistente y hasta cierto punto, incluso las ligninas. El resultado es una cantidad considerable de excrementos de la descomposición secundaria con una estructura de migas mucho más fina que la que dejaron los descomponedores primarios. Está más cerca de ser humus, pero aún no está del todo terminado.

Ahora viene la etapa final de la formación de humus. Numerosas especies de lombrices de tierra se abren camino a través del suelo, absorbiendo una mezcla de tierra, microbios y el excremento de los animales del suelo. Todas estas sustancias se mezclan, se trituran y se recombinan químicamente en el intestino altamente activo y ácido de la lombriz. Las sustancias orgánicas se unen químicamente con el suelo para formar complejos de arcilla/humus que son bastante resistentes a una mayor descomposición y tienen una capacidad extraordinariamente alta para retener y liberar los mismos nutrientes y agua que alimentan a las plantas. Los excrementos de lombriz son mecánicamente muy estables y ayudan a crear una estructura de suelo duradera que permanece abierta y friable, algo que los jardineros y agricultores llaman buena labradura o buena miga. Las lombrices de tierra son tan vitalmente importantes para la fertilidad del suelo y adicionalmente útiles como agentes de elaboración de abono que una sección entera de este libro las considerará con gran detalle.

Subrayemos una lección de compostaje que se puede sacar del suelo del bosque. En la naturaleza, la formación de humus se produce en presencia del aire y la humedad. Los agentes de su formación son animales del suelo que varían en complejidad desde microorganismos hasta insectos que trabajan juntos en una ecología compleja. Estos mismos organismos trabajan nuestras pilas de abono y nos ayudan a cambiar la vegetación cruda en humus o algo parecido. Así que, cuando hacemos abono necesitamos asegurarnos de que hay suficiente aire y humedad.

La descomposición es en realidad un proceso de digestiones repetidas a medida que la materia orgánica pasa y vuelve a pasar por el tracto intestinal de los animales del suelo numerosas veces o es atacada por las enzimas digestivas secretadas por los microorganismos. En cada etapa, la vegetación y los productos de la descomposición de esa vegetación se mezclan minuciosamente con las enzimas digestivas de los animales. Los biólogos del suelo han observado que cuando las condiciones del suelo son hostiles para los animales del suelo, como en los suelos arcillosos finos compactados que excluyen el aire, la materia orgánica es descompuesta exclusivamente por microorganismos. En esas condiciones prácticamente no se forman complejos de humus/arcilla resistentes a la descomposición; casi todo es consumido por la comunidad bacteriana como combustible. Y el suelo no productivo está virtualmente desprovisto de materia orgánica.

Sir Albert Howard ha sido llamado el "padre del compostaje moderno". Su primer libro sobre compostaje (1931) -Los productos de desecho de la agricultura-, subrayó la importancia vital de las enzimas digestivas animales del estiércol fresco de vaca en la elaboración de compostaje. Cuando experimentó con la elaboración de abono sin estiércol, los resultados no fueron los ideales. La mayoría de los jardineros no pueden obtener estiércol fresco pero, afortunadamente, los animales del suelo suministran enzimas digestivas similares. Más tarde, cuando revisemos el método de compostaje de Howard en Indore, veremos cómo Sir Albert entendió brillantemente la descomposición natural y la imitó en un método de compostaje que resultó en un producto muy superior.

En este punto sugiero otra definición de humus. El humus es el excremento de los animales del suelo, principalmente las lombrices de tierra, pero también el de algunas otras especies que, como las lombrices de tierra, son capaces de combinar la materia orgánica parcialmente descompuesta y el excremento de otros animales del suelo con arcilla para crear migajas de suelo estables y resistentes a una mayor descomposición o consumo.

NUTRIENTES EN LA PILA DE COMPOST

Algunos tipos de hojas se pudren mucho más rápido en el suelo del bosque que otras. Analizar por qué sucede esto revela mucho sobre cómo hacer que las pilas de abono se descompongan más eficazmente.

Las hojas de los árboles leguminosos (de la misma familia botánica que las judías y los guisantes) como la acacia, el algarrobo y el aliso suelen convertirse en humus en un año. También lo hacen algunos otros como el fresno, la cereza y el olmo. Los tipos más resistentes tardan dos años; entre ellos se encuentran el roble, el abedul, la haya y el arce. Las hojas de álamo y las agujas de pino, abeto Douglas y alerce se descomponen muy lentamente y pueden tardar tres años o más. Algunas de estas diferencias se deben a las variaciones en el contenido de lignina, que es muy resistente a la descomposición, pero la velocidad de descomposición se ve influida principalmente por la cantidad de proteínas y nutrientes minerales que contiene la hoja.

Las plantas están compuestas principalmente de carbohidratos como la celulosa, el azúcar y la lignina. El elemento carbono es, con mucho, la mayor parte de los carbohidratos [carbo(n)hydr(ogen)ates] en peso. Las plantas pueden fabricar fácilmente carbohidratos en grandes cantidades porque el carbono y el hidrógeno se derivan del aire (CO_2) y del agua (H_2O), estando ambas sustancias a disposición de las plantas en cantidades casi ilimitadas.

El azúcar, fabricado por la fotosíntesis, es el carbohidrato más simple y vital. El azúcar se "quema" en todas las células de las plantas como el combustible principal que alimenta todas las actividades de la vida. El azúcar adicional puede almacenarse de forma más compacta después de ser convertida en almidones, que son largas cadenas de moléculas de azúcar unidas entre sí. Las plantas suelen tener tallos, raíces o tubérculos llenos de almidón; también producen enzimas capaces de convertir rápidamente este almidón de nuevo en azúcar cuando se solicite. Nosotros, los fabricantes y panaderos, hacemos un uso práctico de un proceso enzimático similar para convertir los almidones almacenados en los granos en azúcar que las levaduras pueden transformar en alcohol.

C/N de varias hojas de árbol/agujas	
Falsa acacia 14:1	Abeto 48:1
Aliso negro 15:1	Abedul 50:1
Aliso gris 19:1	Haya 51:1
Ceniza 21:1	Arce 52:1
Cerezo ojo de pájaro 22:1	Roble rojo 53:1
Carpe blanco 23:1	Álamo 63:1
Olmo 28:1	Pino 66:1
Tilo 37:1	Abeto Douglas 77:1
Roble 47:1	Alerce 113:1

El contenido de proteínas de las hojas de los árboles es muy similar a su proporción de carbono (C) en comparación con el nitrógeno (N)

A veces las plantas almacenan alimentos en forma de petróleo, la fuente de energía biológica más concentrada. El aceite también se construye a partir del azúcar y suele encontrarse en las semillas. Las plantas también construyen materiales estructurales como el tallo, las paredes celulares y otras partes leñosas a partir de azúcares convertidos en celulosa, una sustancia similar al almidón. Las estructuras muy fuertes se construyen con ligninas, un material como la celulosa pero mucho más duradero. La celulosa y las ligninas son permanentes. No pueden ser convertidas de nuevo en azúcar por las enzimas de las plantas. Tampoco pueden ser digeridas por la mayoría de los animales o las bacterias.

Ciertos hongos pueden digerir la celulosa y la lignina, así como las bacterias simbióticas que habitan en el rumen de una vaca. En este sentido, la vaca es un animal muy inteligente que dirige una fábrica de digestión de celulosa en el primero y más grande de sus varios estómagos. Allí, cultiva las bacterias que se alimentan de celulosa; luego la vaca digiere las bacterias al pasar de un estómago a otro.

Las plantas también construyen proteínas, la materia vital de la vida misma. Las proteínas se encuentran principalmente en aquellas partes de la planta involucradas en la reproducción y la fotosíntesis. Las moléculas de proteína difieren de los almidones y azúcares en que son más grandes y sorprendentemente más complejas. Lo más significativo es que, mientras que los carbohidratos son principalmente carbono e hidrógeno, las proteínas contienen grandes cantidades de nitrógeno y numerosos otros nutrientes minerales.

Las proteínas son escasas en la naturaleza. Las plantas pueden hacerlas sólo en proporción a la cantidad de nutrientes, nitrógeno, que toman del suelo. La mayoría de los suelos están muy poco dotados de nitrógeno. Si el suelo pobre en nitratos y nutrientes está bien regado, puede haber una vegetación exuberante, pero las plantas contendrán pocas proteínas y podrán mantener pocos animales. Pero donde hay altos niveles de nutrientes en el suelo habrá un gran número de animales, incluso si la tierra está mal regada y sólo crece pastos de matorral - los bosques antiguos suelen alimentar sólo a unos pocos ciervos tímidos, mientras que las praderas semidesérticas de pasto corto alguna vez sostuvieron enormes rebaños de animales de pastoreo.

Irónicamente, al igual que ocurre con el carbono, no hay una escasez absoluta de nitrógeno en la Tierra. La atmósfera tiene casi un 80 por ciento de nitrógeno. Pero en forma de gas, el nitrógeno atmosférico es completamente inútil para las plantas o los animales. Primero debe combinarse químicamente en formas que las plantas puedan utilizar, como el nitrato (NO3) o el amoníaco (NH3). Estos productos químicos se denominan "nitrógeno fijo".

El gas de nitrógeno se resiste fuertemente a la combinación con otros elementos. Las fábricas químicas fijan el nitrógeno sólo a temperaturas y presiones muy altas y en presencia de catalizadores exóticos como el platino o exponiendo el gas de nitrógeno a poderosas chispas eléctricas. Los relámpagos pueden fijar de forma similar pequeñas cantidades de nitrógeno que caen a la tierra disueltas en la lluvia.

Y ciertos microorganismos que viven en el suelo son capaces de fijar el nitrógeno atmosférico. Pero estos son abundantes sólo donde la tierra es rica en humus y minerales, especialmente calcio. Por lo tanto, en un cuerpo de suelo en el que están presentes de forma natural grandes cantidades de nitrógeno fijo, el suelo también estará bien dotado de un buen suministro de nutrientes minerales.

La mayor parte del suministro mundial de nitrógeno combinado está fijado biológicamente a temperaturas normales y a la presión atmosférica estándar por los microorganismos del suelo. Llamamos "azobacterias" a las que viven libremente en el suelo y "rizobios" a las que se asocian con las raíces de las legumbres. Las algas verde-azuladas del tipo que prosperan en los arrozales también fabrican nitrógeno nítrico. Realmente no sabemos cómo las bacterias logran esto, pero el nitrógeno que "fijan" es la base de la mayoría de las proteínas de la tierra.

Todos los microorganismos, incluyendo las bacterias fijadoras de nitrógeno, construyen sus cuerpos a partir de los mismos elementos que las plantas utilizan para su crecimiento. Donde estos elementos minerales son abundantes en el suelo, todo el cuerpo del suelo está más vivo y transporta mucha más biomasa a todos los niveles, desde las bacterias hasta los insectos, las plantas e incluso los mamíferos.

Si alguna de estas sustancias nutritivas vitales escaseara, toda la biomasa y el crecimiento de las plantas disminuiría hasta el nivel permitido por la cantidad disponible, aunque haya una sobreabundancia de todo el resto. El nombre de este fenómeno es la "Ley de los Factores Limitantes". El concepto de límites fue formulado por primera vez por un científico, Justus von Liebig, a mediados del siglo pasado. Aunque el nombre de Liebig no es popular entre los jardineros y agricultores orgánicos porque las ideas erróneas de Liebig han llevado al uso generalizado de fertilizantes químicos, la teoría de los límites de Liebig sigue siendo una buena ciencia.

Liebig sugirió imaginar un barril lleno de agua como metáfora del crecimiento de las plantas: la cantidad de agua contenida en el barril es la cantidad de crecimiento. Cada duela representa uno de los factores o requisitos que las plantas necesitan para crecer, como la luz, el agua, el oxígeno, el nitrógeno, el fósforo, el cobre, el boro, etc. Bajando cualquier duela del barril, no importa cual, se disminuye la cantidad de agua que puede ser retenida y por lo tanto el crecimiento se reduce al nivel del factor de crecimiento más limitado.

Por ejemplo, una proteína esencial de la planta se llama clorofila, el pigmento verde que se encuentra en las hojas y que produce azúcar a través de la fotosíntesis. La clorofila es una proteína que contiene cantidades significativas de magnesio. Obviamente, la capacidad de la planta para crecer está limitada por su habilidad para encontrar suficiente nitrógeno fijo y también magnesio para hacer esta proteína.

Animales de todos los tamaños, desde elefantes hasta microorganismos unicelulares, están compuestos principalmente de proteína. Pero la mayor parte del material vegetal no es proteína, son carbohidratos en una forma u otra. Comer suficientes carbohidratos para satisfacer sus necesidades energéticas rara vez es el problema de supervivencia al que se enfrentan los animales; encontrar suficientes proteínas (y otros nutrientes vitales) en su alimentación para crecer y reproducirse es lo que limita su población. El número y la salud de los animales de pastoreo está limitado por el contenido de proteínas y otros nutrientes de los pastos que están comiendo, de manera similar el número y la salud de los descomponedores primarios que viven en el suelo del bosque está limitado por el contenido de nutrientes de sus alimentos. Y también lo está la tasa de descomposición. Y también es cierto en la pila de abono.

El contenido proteínico de la vegetación es muy similar a su proporción de carbono (C) comparado con el nitrógeno (N). El rápido análisis de laboratorio del contenido proteínico no se hace midiendo la proteína en sí misma, sino midiendo la cantidad de nitrógeno combinado que la proteína desprende durante su descomposición. La acacia, el aliso y las hojas de otras legumbres proteínicas como la langosta, el mezquite, la retama escocesa, la arveja, la alfalfa, los frijoles y los guisantes tienen proporciones C/N bajas porque las raíces de las legumbres pueden albergar grupos de rizobios fijadores de nitrógeno. Estos microorganismos pueden suministrar todo el nitrógeno nítrico que las legumbres de crecimiento rápido pueden utilizar si el suelo también está bien dotado de otros nutrientes minerales que el rizobio necesita, especialmente calcio y fósforo. La mayoría de las demás familias de plantas dependen totalmente de los suministros de nitratos que les presenta el suelo. En consecuencia, las regiones o lugares con suelos deficientes en nutrientes minerales tienden a cultivar bosques de coníferas, mientras que los suelos más ricos sostienen los bosques con más proteínas en sus hojas. También puede haber condiciones climáticas que favorezcan a las coníferas frente a los árboles caducifolios, independientemente de la fertilidad del suelo.

En general, es cierto que la materia orgánica con una alta proporción de carbono y nitrógeno también tendrá una alta proporción de carbono con respecto a otros minerales. Y los materiales de baja relación C/N contendrán cantidades mucho mayores de otros nutrientes minerales vitales. Cuando hacemos abono a partir de una amplia variedad de materiales, probablemente haya suficiente cantidad y variedad de nutrientes en los residuos vegetales para formar grandes poblaciones de animales y microorganismos del suelo que forman el humus. Sin embargo, cuando hacemos compost principalmente con materiales de alto C/N necesitamos mezclar otras sustancias que contengan suficiente nitrógeno fijo y otros nutrientes minerales vitales. De lo contrario, el proceso de descomposición llevará mucho tiempo porque no podrán desarrollarse grandes cantidades de organismos en descomposición.

La composición de los materiales vegetales depende en gran medida del nivel y la naturaleza de la fertilidad del suelo que los produjo. La nutrición presente en dos plantas de la misma especie, incluso en dos muestras de la misma variedad exacta de vegetal criadas a partir del mismo paquete de semillas puede variar enormemente dependiendo de dónde se cultivaron las plantas. William Albrecht, presidente del Departamento de Suelos de la Universidad de Missouri durante la década de 1930, fue, hasta donde yo sé, el primer científico de la corriente principal en explorar a fondo las diferencias en las cualidades nutricionales de las plantas e identificar aspectos específicos de la fertilidad del suelo como la razón por la que una planta puede ser mucho más nutritiva que otra y por la que los animales pueden ser mucho más saludables en una granja en comparación con otra. Por implicación, Albrecht también quiso mostrar la razón por la que una nación de personas puede ser mucho menos saludable que otra. Debido a que su visión holística iba en contra de los poderosos intereses creados de su época,

Albrecht fue despreciado profesionalmente y, finalmente, abandonó la comunidad universitaria, pasando el resto de su vida educando al público en general, especialmente a los agricultores y profesionales de la salud.

Resumido en un párrafo, Albrecht demostró que, dentro de una sola especie o variedad, los niveles de proteína de las plantas varían en un 25 por ciento o más dependiendo de la fertilidad del suelo, mientras que el contenido de nutrientes vitales de una planta como el calcio, el magnesio y el fósforo puede subir o bajar simultáneamente hasta un 300 por ciento, lo que normalmente corresponde a cambios similares en su nivel de proteína. Albrecht también descubrió cómo manejar el suelo para producir alimentos altamente nutritivos. El capítulo ocho tiene muchos más elogios para el Dr. Albrecht. Allí exploro este interesante aspecto de la jardinería con más detalle porque la forma en que hacemos y usamos la materia orgánica tiene mucho que ver con la calidad nutricional resultante de los alimentos que cultivamos.

Imaginen que intentan hacer abono con materiales deficientes como un montón de aserrín puro y húmedo. ¿Qué es lo que sucede? Muy poco y muy, muy lentamente. Los árboles localizan la mayor parte de su acumulación de nutrientes en sus hojas para hacer proteínas para la fotosíntesis. Una pequeña cantidad se destina a la fabricación de corteza. La madera en sí misma es celulosa virtualmente pura, derivada del aire y el agua. Si, cuando cultivamos árboles, removemos sólo la madera y dejamos las hojas y la corteza en el sitio, estaríamos removiendo casi nada del suelo. Si el aserrín proviene de un aserradero, a diferencia de una tienda de armarios, también puede contener algo de corteza y, por consiguiente, pequeñas cantidades de otros nutrientes esenciales.

Si se humedece completamente y se amontona, una pila de aserrín no se calentará, sólo unos pocos descomponedores primarios se alojarán. Una persona podría esperar cinco años para que se forme un abono a partir de aserrín puro y húmedo y aún así no pasaría mucho. Tal vez por eso las palabras "compost" y "compot", como las entienden los británicos, están conectadas. En Inglaterra, un compost es una mezcla ligeramente fermentada de muchas cosas como frutas. Si mezclamos el aserrín con otros materiales que tienen un C/N muy bajo, entonces se descompondría, junto con los otros elementos.

PRÁCTICA DE FABRICACIÓN DE COMPOST

Para hacer que el abono se pudra rápidamente se necesita lograr un fuerte y duradero aumento de la temperatura. Las pilas de frío se descompondrán y el humus se formará eventualmente, pero, sin calor, el proceso puede tomar mucho, mucho tiempo. Conseguir que una pila se caliente rápidamente y se mantenga caliente requiere la mezcla correcta de materiales y un manejo sensato del suministro de aire y humedad de la pila.

Las pilas de compostaje vienen con algunos obstáculos incorporados. El intenso calor y la actividad biológica hacen que un montón se desplome en una masa sin aire, pero si el compostaje va a continuar la pila debe permitir a sus habitantes vivos suficiente aire para respirar. Las pilas calientes tienden a secarse rápidamente, pero deben mantenerse húmedas o dejan de funcionar. Pero el calor es deseable y el riego enfría la pila. Si se entiende y se maneja, estas dificultades son realmente menores.

El compostaje suele ser una actividad inofensiva, pero si se hace incorrectamente puede haber problemas con el olor y las moscas. Este capítulo le mostrará cómo hacer un abono libre de molestias.

COMPOSTAJE EN CALIENTE

La principal diferencia entre el compostaje en montones y la descomposición natural en la superficie de la tierra es la temperatura. En el suelo de los bosques, las hojas se descomponen lentamente y los agentes primarios de la descomposición son los animales del suelo. Las bacterias y otros microorganismos son secundarios. En una pila de abono ocurre lo contrario: sustituimos una fermentación violenta por microorganismos como bacterias y hongos. Los animales del suelo son secundarios y entran en juego sólo después de que los microbios han tenido su hora.

En condiciones decentes, con un suministro de alimentos relativamente ilimitado, las bacterias, levaduras y hongos pueden duplicar su número cada veinte o treinta minutos, aumentando geométricamente: 1, 2, 4, 8, 16, 32, 64, 128, 256, 512, 1.024, 2.048, 4.096, etc. En sólo cuatro horas una célula se multiplica a más de cuatro mil. En tres horas más habrá dos millones.

Para la comida, consumen el montón de abono. Casi todos los organismos que respiran oxígeno producen energía "quemando" alguna forma de materia orgánica como la gasolina que alimenta un automóvil. Esta quema celular no ocurre violentamente con la llama y la luz. Los seres vivos utilizan enzimas para descomponer moléculas orgánicas complejas en otras más simples como el azúcar (y otras) y luego las unen enzimáticamente con el oxígeno. Pero por muy suave que parezca la combustión enzimática, sigue ardiendo. Los microbios pueden "quemar" almidones, celulosa, lignina, proteínas y grasas, así como azúcares.

Ningún motor es cien por ciento eficiente. Todos los motores emiten calor residual mientras funcionan. Del mismo modo, ninguna planta o animal es capaz de utilizar cada pizca de energía liberada de sus alimentos, y por consiguiente irradiar calor. Cuando trabajan duro, los seres vivos emiten más calor; cuando descansan, menos. El flujo y reflujo de la producción de calor se corresponde con su consumo de oxígeno, y se corresponde con sus actividades físicas y metabólicas, y con sus tasas de crecimiento. Incluso los animales unicelulares como las bacterias y los hongos respiran oxígeno y emiten calor.

Los animales del suelo y los microorganismos que trabajan sobre la delgada capa de lecho de hojas en el suelo del bosque también generan calor, pero éste se disipa sin hacer ningún aumento perceptible de la temperatura. Sin embargo, los materiales compostables no transfieren calor fácilmente. En el lenguaje de la arquitectura y la construcción de viviendas se podría decir que tienen un alto valor "R" o que son buenos aislantes Cuando se amontona una gran cantidad de materiales en descomposición, el calor biológico queda atrapado dentro de la pila y la temperatura aumenta, acelerando aún más la velocidad de descomposición.

La temperatura controla la rapidez con la que los seres vivos llevan a cabo sus actividades. Sólo los pájaros y los mamíferos son de sangre caliente, capaces de mantener constante el ritmo de su química metabólica manteniendo su temperatura corporal. La mayoría de los animales y todos los microorganismos no tienen la capacidad de regular su temperatura interna; cuando están fríos son lentos, cuando están calientes, activos. Impulsados por los animales y microorganismos de sangre fría del suelo, cuanto más caliente esté la pila de abono, más rápido se consumirá.

Esta relación entre la temperatura y la velocidad de la actividad biológica también es válida para las reacciones químicas orgánicas en un tubo de ensayo, la vida útil de las semillas de jardín, el tiempo que tardan las semillas en germinar y el almacenamiento de los alimentos en el refrigerador. A la temperatura del agua congelada la mayoría de los procesos químicos vivos se detienen o se acercan a ella. Por eso la congelación impide que los alimentos pasen por esas etapas normales de descomposición enzimática que llamamos deterioro.

Para cuando la temperatura ha aumentado a unos 50 grados F, la química de la mayoría de los seres vivos comienza a funcionar eficientemente. A partir de esa temperatura, la velocidad de las reacciones químicas orgánicas se duplica aproximadamente con cada 20 grados de aumento de la temperatura. Así que, a 70 grados F la descomposición está funcionando al doble de la velocidad que lo hace a 50 grados, mientras que a 90 grados cuatro veces más rápido que a 50 grados y así sucesivamente. Sin embargo, cuando las temperaturas llegan a unos 150 grados la química orgánica no necesariamente corre 32 veces más rápido que a 50 grados porque muchas reacciones engendradas por los seres vivos disminuyen su eficiencia a temperaturas muy superiores a los 110 grados.

Esta explicación está simplificada en exceso y los números que he utilizado para ilustrar el proceso son ligeramente inexactos, sin embargo, la idea en sí misma es sustancialmente correcta. Debe entenderse que mientras las reacciones químicas inorgánicas se aceleran con el aumento de la temperatura casi sin límite, los procesos llevados a cabo por los seres vivos suelen tener una temperatura terminal mucho más baja. En algún momento, la vida se detiene. Incluso los animales del suelo más tolerantes al calor morirán o saldrán de una pila de abono para cuando la temperatura supere los 120 grados, dejando el material en posesión exclusiva de los microorganismos.

La mayoría de los microorganismos no pueden soportar temperaturas muy por encima de los 130 grados. Cuando el núcleo de una pila se calienta más allá de este punto, o bien forman esporas mientras esperan a que las cosas se enfríen, o bien mueren. Muchos organismos vivos seguirán esperando en las capas exteriores más frías del montón para volver a ocupar el núcleo una vez que las cosas se enfríen. Sin embargo, hay bacterias y hongos únicos que sólo funcionan eficazmente a temperaturas superiores a los 110 grados. Los científicos del suelo y otros académicos que a veces parecen medir su estatura en lo bien que pueden desconcertar a la persona promedio usando palabras desconocidas para las nociones ordinarias llaman a este tipo de organismos termófilos, una palabra latina que simplemente significa "amantes del calor".

Las pilas de abono pueden ser notablemente calientes. Como los microorganismos termófilos y los hongos generan el mismo calor que necesitan para acelerar sus actividades y como los aumentos de la temperatura ambiente generan aún más calor, la temperatura final se alcanza cuando la pila se calienta tanto que incluso los organismos termófilos empiezan a morir. Las pilas de abono han superado los 160 grados. Debería esperarse que las pilas que se construyan superen los 140 grados y no debería sorprenderse si se acercan a los 150 grados

Otros tipos de materia orgánica en descomposición pueden calentarse aún más. Por ejemplo, los pajares suelen incendiarse porque el heno seco es un excelente aislante. Si los fardos en el centro de una gran pila de heno están lo suficientemente húmedos como para fomentar una rápida descomposición bacteriana, el calor generado puede aumentar hasta que los fardos más secos del exterior empiecen a humear y luego se quemen. Los sabios agricultores se aseguran de que su heno esté completamente seco antes de empacarlo y apilarlo.

El calor que puede alcanzar la pila depende de lo bien que el compositor controle una serie de factores. Estos son tan importantes que deben ser considerados en detalle.

El tamaño de las partículas. Los microorganismos no son capaces de masticar o atacar mecánicamente los alimentos. Su principal método de alimentación es secretar enzimas digestivas que se descomponen y luego disuelven la materia orgánica. Algunas criaturas unicelulares más grandes pueden rodear o envolver y luego "tragar" pequeñas partículas de comida. Una vez dentro de la célula, este material es atacado por enzimas digestivas similares.

Dado que las enzimas digestivas atacan sólo las superficies exteriores, cuanto mayor sea la superficie que presentan los materiales de compostaje, más rápidamente se multiplican los microorganismos para consumir el suministro de alimentos. Y se crea más calor. A medida que el tamaño de las partículas disminuye, la cantidad de superficie aumenta casi tan rápidamente como la serie de números utilizada unos párrafos atrás para ilustrar la multiplicación de los microorganismos.

Las superficies presentadas en los diferentes tipos de suelo afectan de manera similar el crecimiento de las plantas, por lo que los científicos han calculado cuidadosamente la cantidad de superficie de los materiales del suelo. Aunque los montones de abono están hechos de partículas mucho más grandes que el suelo, la relación entre el tamaño de las partículas y la superficie es la misma. Claramente, cuando una pequeña diferencia en el tamaño de las partículas puede cambiar la cantidad de superficie por cientos de veces, la reducción del tamaño del material en la pila de abono lo hará:

- expondrá más material a las enzimas digestivas;

- acelerará enormemente la descomposición;

- construirá temperaturas mucho más altas.

Suministro de oxígeno. Todos los organismos deseables de descomposición son respiradores de oxígeno o "aerobios". Debe haber un movimiento adecuado de aire a través de la pila para satisfacer sus necesidades. Si el suministro de aire se corta, los microorganismos aeróbicos mueren y son reemplazados por organismos anaeróbicos. Estos no funcionan quemando carbohidratos, sino que obtienen energía de otros tipos de reacciones químicas que no requieren oxígeno. La química anaeróbica es lenta y no genera mucho calor, por lo que una pila que se enfría repentinamente está dando una fuerte indicación de que el núcleo puede carecer de aire. Los principales productos de desecho de los aerobios son el agua y el gas de dióxido de carbono, sustancias inofensivas. Cuando la mayoría de la gente piensa en la putrefacción, se imagina la descomposición por las bacterias anaeróbicas. Con insuficiente oxígeno, se crean materiales malolientes. En lugar de formarse humus, se desarrollan sustancias negras, parecidas al alquitrán, que son mucho menos útiles en el suelo. En condiciones de falta de aire se pierde permanentemente mucho nitrato. Los residuos odoríferos de los anaerobios también incluyen sulfuro de hidrógeno (huele a huevo podrido), así como otras sustancias tóxicas con cualidades muy desagradables.

Los montones construidos con cantidades significativas de materiales gruesos, fuertes e irregulares tienden a retener grandes espacios porosos, fomentan la circulación del aire y permanecen aeróbicos. El calor generado en la pila hace que el aire caliente del centro de la pila suba y salga de la pila por convección. Esto atrae automáticamente un suministro de aire fresco y fresco. Pero los montones hechos exclusivamente de partículas grandes no sólo presentan poca superficie a los microorganismos, sino que permiten tanto flujo de aire que se enfrían rápidamente. Esta es una de las razones por las que un rastrillo de leña húmedo o un montón de astillas de madera húmedas no se calientan. En el extremo opuesto, las pilas de materiales finamente molidos o blandos y húmedos tienden a compactarse, poniendo fin a los intercambios de aire por convección y deteniendo la descomposición aeróbica. En el centro de un montón sin aire, los organismos anaeróbicos toman inmediatamente el control.

Superficie de un gramo de partículas de suelo	Diámetro de las partículas en mm	Número de partículas por gr	Superficie por cm cuadrado
Arena muy gruesa	2.00-1.00	90	11
Arena gruesa	1.00-0.50	720	23
Arena mediana	0.50-0.25	5,700	45
Arena fina	0.25-0.10	46,000	91
Arena muy fina	0.10-005	772,000	227
Polvo	0.05-0.002	5,776,000	454

Los compostadores usan varias estrategias para mantener el flujo de aire. La más básica es mezclar un surtido de componentes para que los materiales gruesos y rígidos mantengan una textura suelta mientras que los materiales blandos y flexibles tienden a llenar parcialmente los espacios. Sin embargo, incluso si el montón comienza lo suficientemente esponjoso como para permitir un flujo de aire adecuado, a medida que los materiales se descomponen se ablandan y tienden a desplomarse en una masa sin aire.

Periódicamente girando la pila, desgarrándola con un tenedor y volviéndola a apilar, se restablecerá una textura más suelta y se recargarán temporalmente los espacios de los poros con aire fresco. Como las superficies externas de una pila de abono no se calientan, tienden a secarse completamente y no se descomponen, al girar la pila también se rota la piel no rota hasta el núcleo y luego se aísla con material más descompuesto tomado del centro de la pila original. Un montón que se ha enfriado porque se ha vuelto anaeróbico puede ser rápidamente remediado por el giro.

Las pilas también pueden ser construidas con una capa base de palos finos, podas de árboles más pequeñas y material de cepillo seco. Esta base porosa tiende a mejorar la entrada de aire de debajo de la pila. Una poderosa técnica de aireación es construir el montón sobre una plataforma baja hecha de listones o tela fuerte de ferretería.

Las pilas más grandes pueden tener canales de aire incorporados, como los pozos de luz y los patios iluminan las habitaciones interiores de los edificios altos. A medida que se construye la pila, se espacian cada tres o cuatro pies los pesados postes de madera de la valla, 4 x 4, o tubos de plástico de gran diámetro con numerosos agujeros de un cuarto de pulgada perforados en ellos. Una vez que el montón se ha formado y comienza a calentarse, los postes de madera se mueven alrededor y luego se levantan, haciendo una vía de aire ligeramente cónica de arriba a abajo. Los tubos de ventilación de plástico perforado pueden dejarse en el montón. Con la ayuda de estas vías respiratorias, ninguna parte del montón está a más de un par de metros del oxígeno

La humedad. Una pila seca es una pila fría. Los microorganismos viven en finas películas de agua que se adhieren a la materia orgánica mientras que los hongos sólo crecen en condiciones de humedad; si la pila se seca, tanto las bacterias como los hongos mueren. El afloramiento de aire caliente que sale de la pila tiende a deshidratar rápidamente el montón de abono. Normalmente es necesario añadir periódicamente agua a un montón de trabajo caliente. Desafortunadamente, rehumedecer una pila no siempre es simple. La naturaleza de los materiales tiende a hacer que el agua se derrame y se escurra como un techo de paja protege una cabaña.

Como las pilas tienden a compactarse y secarse al mismo tiempo, cuando se voltean pueden rehidratarse simultáneamente. Cuando me bifurco sobre un montón me tomo breves descansos y rocío agua sobre el nuevo montón, capa por capa. Dos o tres de estas vueltas y riegos resultarán en un abono terminado.

El otro extremo también puede ser un obstáculo para un compostaje eficiente. Hacer una pila demasiado húmeda puede hacer que los materiales blandos pierdan toda su resistencia mecánica, la pila se desploma inmediatamente en una masa fría y sin aire. Hacer pasar grandes cantidades de agua a través de una pila también puede filtrar nutrientes vitales que alimentan a los organismos de descomposición y más tarde, alimentar el jardín mismo. Cubro mis montones con viejas láminas de plástico desde noviembre hasta marzo para protegerlos del lluvioso clima invernal de Oregón.

Entender cuánta humedad hay que poner en un montón pronto se convierte en una certeza intuitiva. Los principiantes pueden medir el contenido de humedad apretando un puñado de material muy duro. Debería sentirse muy húmedo, pero sólo unas pocas gotas de humedad deberían ser extraíbles. Los compostadores industriales, que pueden permitirse una orientación científica para optimizar sus actividades, intentan establecer y mantener un contenido de humedad medido en laboratorio del 50 al 60 por ciento en peso. Cuando se construye una pila, hay que tener en cuenta que ciertos materiales como los recortes de hierba fresca y los recortes vegetales ya contienen cerca del 90 por ciento de humedad, mientras que los componentes secos como el aserrín y la paja pueden contener sólo el 10 por ciento y resisten la absorción de agua en ese momento. Pero, al mezclar a fondo los materiales húmedos y secos, el contenido total de humedad se igualará rápidamente.

Tamaño de la pila. Es mucho más difícil mantener caliente un objeto pequeño que uno grande. Eso se debe a que la relación entre el área de la superficie y el volumen baja a medida que el volumen sube. No importa lo bien que otros factores alienten a las termófilas, sigue siendo difícil hacer que una pila se caliente a menos de tres pies de altura y tres pies de diámetro. Y una pequeña pila como esa tiende a calentarse sólo por un corto tiempo y luego se enfría rápidamente. Las pilas más grandes tienden a calentarse mucho más rápido y permanecen calientes el tiempo suficiente para permitir que se produzca una descomposición significativa. La mayoría de los compositores consideran que un cubo de cuatro pies es un tamaño práctico mínimo. Los compostadores industriales o municipales construyen hileras de hasta tres metros en la base, de dos metros de altura, y tan largas como quieran.

Sin embargo, incluso si tienes material ilimitado, todavía hay un límite en el tamaño de la pila y ese factor limitante es el suministro de aire. Cuanto más grande es la pila de abono, más difícil se vuelve llevar el oxígeno al centro. Los compostadores industriales pueden tener equipos de energía que simultáneamente giran y rocían agua, oxigenando mecánicamente y rehumidificando una enorme pila cada pocos días. Incluso los sistemas municipales de compostaje mal financiados tienen tractores con cargadores de cucharas para girar sus pilas con frecuencia. En casa el límite práctico es probablemente un montón de seis o siete pies de ancho en la base, inicialmente de unos cinco pies de altura (se desplomará rápidamente un pie más o menos una vez que comience el calentamiento), y siempre que se tenga material para ello.

Aunque nos gustaría hacer nuestras pilas de abono tan grandes que mantener un flujo de aire suficiente se convierta en el principal problema que enfrentamos, el compostero doméstico rara vez tiene suficientes materiales a mano para construir un enorme montón de una sola vez. Un solo corte de césped no proporciona tantos recortes; mi propio cubo de abono de cocina es más grande y se llena más rápido que el de cualquier otra persona que yo conozca, pero aún así sólo alcanza unos pocos galones a la semana, excepto durante agosto, cuando estamos haciendo mermelada, enlatando verduras y haciendo jugo. Las malas hierbas del jardín se recogen en una carretilla a la vez. Las hojas son estacionales. En el Este, la limpieza anual de los huertos se hace después de la helada de otoño. Así que casi inevitablemente, se construirá un montón gradualmente.

Probablemente por eso la mayoría de los libros de jardinería ilustran los montones de abono como si fueran pasteles de capas: una capa base de arbustos, ramitas y cosas gruesas para permitir la entrada de aire, luego se alternan finas capas de recortes de hierba, hojas, malezas, basura, pasto, malezas, basura y un rociado de tierra, que se repite hasta que el montón alcanza los cinco pies de altura. Puede llevar meses construir una pila de abono de esta manera porque el calentamiento y la descomposición comienzan antes de que la pila esté terminada y se vaya hundiendo a medida que se construye. Recomiendo varias prácticas para formar gradualmente un montón.

Mantener una gran pila de vegetación seca y gruesa junto a una pila de construcción. Como basura de cocina, recortes de hierba, estiércol fresco u otros materiales húmedos, se puede cubrir y mezclar con este material seco. Los artículos más húmedos y verdes rehidratarán la vegetación seca y normalmente contienen más nitrógeno que equilibra el mayor carbono de la hierba seca, las hierbas altas y el heno.

Si la construcción del montón ha llevado varios meses, la zona central inferior probablemente estará en camino de convertirse en abono y gran parte de la pila ya se habrá secado para cuando esté completamente formada. Así que el mejor momento para dar la primera vuelta y rehumedecer una pila de construcción larga es justo después de que se haya completado.

En lugar de imaginar una torta de capas, será mejor comparar el compostaje con la fabricación de pan. La harina, la levadura, el agua, la melaza, las semillas de girasol y el aceite no se ponen en capas, se mezclan completamente y luego se amasan y trabajan juntos para que la levadura pueda interactuar con los otros materiales y producir una química milagrosa que llamamos masa.

La **relación carbono/nitrógeno (C/N)** es el aspecto más importante que controla tanto la capacidad de calentamiento del montón como la calidad del abono resultante. Las pilas compuestas principalmente de materiales con una alta proporción de carbono a nitrógeno no se calientan mucho o se mantienen calientes el tiempo suficiente. Las pilas compuestas de materiales con un C/N demasiado bajo se calientan demasiado, pierden una gran cantidad de nitrógeno y pueden "quemarse".

El proceso de compostaje generalmente funciona mejor cuando la pila empieza con una relación C/N de alrededor de 25:1. Si el aserrín, la paja o el heno leñoso forman el grueso de la pila, es difícil bajar el C/N lo suficiente con sólo recortes de hierba y basura de la cocina. Los montones hechos esencialmente de materiales de alto C/N necesitan adiciones significativas de los más potentes abonos y/o fuentes de nitrógeno orgánico altamente concentrado como harinas de semillas o concentrados de matadero. El siguiente capítulo discute la naturaleza y las propiedades de los materiales usados para el compostaje con gran detalle.

Ya he subrayado que sería una tontería llenar este libro con tablas que enumeren las llamadas cantidades precisas de C/N para materiales compostables. Aún más derrochador de energía sería el intento del compositor de calcular la proporción de carbono y nitrógeno resultante de cualquier mezcla de materiales. Para aquellos que estén interesados, la barra lateral proporciona una ilustración de cómo podría hacerse.

EQUILIBRIO CARBONO / NITRÓGENO

Aquí hay un simple problema aritmético que ilustra cómo equilibrar el carbono con el nitrógeno.

PREGUNTA: Tengo 100 kilos de paja con un C/N de 66:1, ¿cuánto estiércol de pollo (C/N de 8:1) tengo que añadir para llevar el total a un promedio de C/N de 25:1.

RESPUESTA: Hay una libra de nitrógeno en cada 66 kilos de paja, así que ya hay cerca de 1.5 kilos de N en 100 kilos de paja. 100 kilos de paja-compost a 25:1 tendrían alrededor de 4 kilos de nitrógeno, así que necesito añadir unas 2.5 kilos más de N. 8 kilos de estiércol de pollo contienen 1 kilos de N; 16 kilos tienen 2. Así que, si añado 32 kilos de estiércol de pollo a 100 kilos de paja, tendré 132 kilos de material que contenga alrededor de 5,5 kilos de N, un C/N de 132:5,5 o alrededor de 24:1.

Es mucho más sensato aprender de la experiencia. Calcula las proporciones de los materiales que van a un montón por el resultado. Si la pila se calienta mucho y se mantiene así durante unas semanas antes de enfriarse gradualmente, entonces el C/N era más o menos correcto. Si, después de varias vueltas y recalentamientos, el material no se ha descompuesto completamente, entonces el C/N inicial era probablemente demasiado alto. Las palabras "completamente descompuesto" significan aquí que no hay rastros reconocibles de los materiales originales en el montón y el abono es de color marrón oscuro a negro, desmenuzable, de olor dulce y lo más importante, cuando se trabaja en el suelo provoca una marcada respuesta de crecimiento, similar a la del fertilizante.

Si la pila no se calentó mucho al principio o la etapa de calentamiento fue muy breve, entonces la pila probablemente carecía de nitrógeno. La solución para una pila con deficiencia de nitrógeno es girarla, mezclando simultáneamente materiales más ricos en nutrientes y probablemente también un poco de agua. Después de que se hayan hecho unas pocas pilas, los compositores principiantes comenzarán a obtener la misma sensación para sus materiales que los panaderos para su harina, manteca y levadura.

También es posible errar en el extremo opuesto de la escala y hacer una pila con demasiado nitrógeno. Este montón se calentará muy rápidamente, se volverá tan caliente como la población microbiana pueda tolerar, perderá humedad muy rápidamente, y probablemente olerá a amoníaco, lo que indica que valioso nitrógeno fijo está escapando a la atmósfera. Cuando las proteínas se descomponen, su contenido de nitrógeno se libera normalmente como gas amoniaco. La mayoría de la gente ha olido pequeños montones de recortes de hierba de primavera haciendo esto mismo. El amoníaco siempre se crea cuando las proteínas se descomponen en cualquier montón en cualquier C/N. Pero una pila de abono bien hecha no permite que esta valiosa fuente de nitrógeno se escape.

Hay otras bacterias comúnmente encontradas en el suelo que toman el gas de amoníaco y lo transforman en los nitratos que las plantas y las formas de vida del suelo necesitan para hacer otras proteínas. Estos microorganismos de nitrificación son extremadamente eficientes a temperaturas razonables, pero no pueden sobrevivir a las altas temperaturas extremas que puede alcanzar una pila realmente caliente. También viven sólo en el suelo. Por eso es muy importante asegurarse de que alrededor del 10 por ciento de una pila de abono sea suelo y cubrir el exterior de una pila con un glaseado de tierra rica que se mantenga húmeda. Otro aspecto del suelo ayuda a prevenir la pérdida de amoníaco. La arcilla es capaz de atraer y retener temporalmente el amoníaco hasta que es nitrificado por los microorganismos. La mayoría de los suelos contienen cantidades significativas de arcilla.

La amplia presencia de arcilla y de bacterias fijadoras de amoníaco en todos los suelos permite a los agricultores industriales inyectar amoníaco gaseoso directamente en la tierra, donde es rápida y completamente alterado en nitratos. Una pila muy caliente con fugas de amoníaco puede contener muy poco suelo, pero es más probable que también esté tan caliente que las bacterias nitrificantes hayan sido eliminadas. Escapar de amoníaco no es sólo una molestia ofensiva, sino que se está perdiendo una valiosa fertilidad en la atmósfera.

El tiempo y la estación. Puedes adoptar varias estrategias para evitar que el clima enfríe una pila de abono. El viento baja la temperatura y seca la pila, así que, si es posible, haz abono en un lugar protegido. Las lluvias fuertes y frías pueden enfriar y aguar una pila. El compostaje bajo un techo también evitará que el sol caliente la humedad de una pila en verano. Usar cubos u otras estructuras de compost puede mantener el calor que de otra manera se perdería por los lados de los montones desprotegidos.

Es mucho más fácil mantener una temperatura central alta cuando el clima es cálido. Puede que no sea tan fácil hacer montones de abono caliente durante el invierno del norte. Así que en algunas partes del país no esperaría demasiado de una pila de abono hecha con la limpieza del otoño. Esta pila de hojas y plantas de jardín mordidas por la escarcha puede tener que esperar al deshielo de primavera, para luego ser mezclada con potentes recortes de hierba de primavera y otros materiales nitrogenados para calentar y completar el proceso de compostaje. Lo que se hace con la basura de la cocina durante el invierno en el norte congelado es un problema interesante y lleva a los recicladores serios a tomar nota del vermicompostaje. (Véase el capítulo 6).

En las regiones del sur se puede evitar el sobrecalentamiento del montón haciéndolo más pequeño o no tan alto. El Capítulo Nueve describe con gran detalle cómo Sir Albert Howard manejó el problema de la alta temperatura del aire al hacer el vermicompost en la India.

EL VALOR FERTILIZANTE DEL COMPOST

No es posible para mí decirte lo bien que tu propio abono casero fertilizará las plantas. Al igual que la cerveza y el pan caseros, puedes estar seguro de que tu abono puede ser igual o superior a casi cualquier producto comercial y ciertamente será mejor fertilizante que el alto resultado de carbono del compostaje de los residuos sólidos municipales. Pero primero, consideremos dos preguntas semi-filosóficas, "¿bueno para qué?" y "¿pobre como qué?"

Cualquier compost es un "bien social" si conserva la energía, ahorra espacio en los vertederos y devuelve algunos nutrientes y materia orgánica al suelo, ya sea para el césped, las plantas ornamentales o los jardines de hortalizas. En comparación con el fertilizante que habría comprado en su lugar, cualquier compost casero será una ganancia financiera a menos que compre un costoso equipo de molienda a motor para producir sólo pequeñas cantidades.

Hacer abono también es un "bien personal". Durante unas pocas horas al año, el compostaje te lleva afuera con un tenedor de estiércol en la mano, haciendo que sudes. Participas intencionalmente en un ciclo natural: la rotación interminable del carbono del aire a la materia orgánica en forma de plantas, a los animales, y finalmente todo de vuelta al suelo. Puedes observar el milagroso aumento en la salud de las plantas y el suelo que ocurre cuando intensificas y enriqueces ese ciclo de carbono en la tierra bajo tu control.

Así que cualquier compost es un buen compost. ¿Pero será un buen fertilizante? Responder a esa pregunta es mucho más difícil: depende de muchos factores. La respuesta de crecimiento que obtendrás del abono depende de lo que entró en el montón, de cuánto nitrógeno nítrico se perdió como amoníaco durante la descomposición, de cuán completamente se permitió que la descomposición procediera, y cuánto nitrógeno nítrico fue creado por los microbios durante la maduración.

La respuesta de crecimiento del abono también depende de la temperatura del suelo. Al igual que cualquier otro proceso biológico, los nutrientes del abono sólo crecen en la planta cuando se descomponen en el suelo y se liberan. En los lugares donde el verano es caluroso, donde la media de las temperaturas diurnas y nocturnas es alta, donde las temperaturas del suelo alcanzan los 80 grados durante gran parte de la temporada libre de heladas, la materia orgánica se pudre muy rápido y un poco de abono de calidad media hace que aumente enormemente el crecimiento de las plantas. Donde el verano es fresco y la materia orgánica del suelo se descompone lentamente, las calidades más pobres de abono tienen poco efecto inmediato, o peor aún, pueden interferir temporalmente con el crecimiento de las plantas. Los suelos más calientes probablemente estén más desesperados por obtener materia orgánica y pueden dar una marcada respuesta de crecimiento incluso con un abono de mala calidad; los suelos de climas frescos contienen naturalmente mayores cantidades de humus y necesitan ser alimentados con materiales más potentes si se quiere liberar altos niveles de nutrientes.

El abono también tiene la reputación de hacer enormes mejoras en la trabajabilidad, o labrado del suelo. Este aspecto de la jardinería es tan importante y tan mal entendido, especialmente por los jardineros orgánicos, que la mayor parte del Capítulo Siete está dedicado a considerar los papeles del humus en el suelo.

EL CULTIVO DE LA PLANTA

Una de las cosas que más disfruto en la jardinería es cultivar algunas de mis plantas. No las cultivo todas porque no tiene sentido tener perejil gigante o hacer que el maíz crezca un pie más. Hacer que todo sea lo más grande posible tampoco resultaría en una nutrición máxima. Pero sólo por diversión, ¿qué tal una calabaza de más de 45 kilos? ¿Un repollo saboyano de 9 kilos? ¿Una coliflor de 40 centímetros de diámetro? ¿Una remolacha de 20 centímetros de diámetro? ¡Eso sí que es crecer!

Así es como se hace. Simplemente retire tantos limitadores de crecimiento como sea posible y vea como los propios esfuerzos de la planta toman el control. Uno de los mejores ejemplos que he visto de cómo funciona esto fue en el invernadero del patio trasero de un vecino. A este soldador retirado le gustaba su licor. Teniendo más tiempo que dinero y poco respeto por los absurdos legales, había construido un pequeño alambique de acero inoxidable, fermentado su propio puré, e hizo un duro whisky para la resaca a partir de grano y azúcar de caña que los Apalaches llaman "popskull". Para fomentar una rápida fermentación, su barril de maceración se mantuvo en el cálido invernadero. El burbujeante brebaje desprendía grandes cantidades de gas de dióxido de carbono.

El resto del invernadero estaba lleno de hierbas verdes que florecieron fragantes en septiembre. La mayoría de ellas medían cuatro o cinco pies de altura, pero las plantas del extremo que albergaba el barril de maceración medían siete pies de altura y eran el doble de tupidas. ¿Por qué? Porque el nivel normal de CO_2 atmosférico en realidad limita el crecimiento de las plantas.

No podemos aumentar el suministro de carbono en el exterior. Pero podemos aflojar el suelo de 45 a 60 centímetros de profundidad (o más para las especies de raíces profundas) en un área tan grande como el sistema de raíces de la planta podría ramificarse durante toda su temporada de crecimiento. He visto a algunos cultivadores cavar agujeros de 1,5 metros de profundidad y 1,5 metros de diámetro para plantas individuales. Podemos usar un abono bien terminado y fuerte para aumentar el contenido de humus de ese suelo, y complementarlo con té de estiércol o fertilizante líquido para proporcionar todos los nutrientes que la planta podría utilizar. Podemos asignar sólo una planta a ese espacio y asegurarnos de que no se desarrolle absolutamente ninguna competencia en ese espacio por la luz, el agua o los nutrientes. Podemos mantener el suelo húmedo en todo momento. Al colocar la planta contra una pared blanca reflectante podemos aumentar sus niveles de luz y tal vez las temperaturas nocturnas (las plantas producen alimentos durante el día y los utilizan para crecer por la noche).

Las mejoras en la textura del abono dependen en gran medida del tipo de suelo. Los suelos arenosos y limosos naturalmente permanecen abiertos y trabajables y sostienen una buena labrada con cantidades sorprendentemente pequeñas de materia orgánica. Doscientas o trescientas libras (peso seco) de abono por cada mil pies cuadrados por año mantendrán los suelos de textura gruesa en una condición física maravillosa. Esta pequeña cantidad de humus también es suficiente para fomentar el desarrollo de una ecología de suelo exuberante que crea la salud natural de las plantas.

Los suelos limosos, especialmente los que tienen más arcilla, tienden a compactarse y cuando están bajos en humus se forman costras y charcos cuando llueve con fuerza. Estos pueden necesitar un poco más de abono, tal vez en el rango de trescientas a quinientas libras por cada mil pies cuadrados por año.

Los suelos arcillosos, por otro lado, son pesados y sin aire, fácilmente compactados, difíciles de trabajar y difíciles de mantener. Las propiedades mecánicas de los suelos arcillosos se benefician enormemente de las adiciones de materia orgánica varias veces mayores que las que necesitan los suelos compuestos de partículas más grandes. Dada la materia orgánica adecuada, incluso una arcilla pesada puede comportarse como lo hace una arcilla rica.

Tal vez haya notado que aún evito responder a la pregunta, "¿qué tan bueno es su abono?" Primero, echemos un vistazo a los análisis de laboratorio de varios tipos de compost, conectándolos con el material del que están hechos y con el tipo de resultados de cultivo que uno puede obtener de ellos. Pido disculpas por no haber podido descubrir, a pesar de la considerable investigación, averías más detalladas de más actividades de compostaje. Pero los datos que tengo son suficientes para apreciar el rango de posibilidades.

Considerado como un fertilizante para hacer crecer las plantas, el abono de residuos sólidos municipales (RSU) es el material de menor calidad que conozco. Normalmente se esparce como un mantillo de superficie. Los ingredientes que los compostadores municipales deben procesar incluyen una mezcla indiscriminada de todo tipo de residuos orgánicos urbanos: papel, basura de cocina, hojas, recortes de árboles astillados, basura orgánica comercial como residuos de restaurantes, residuos de fábricas de conservas, etc. Desafortunadamente, el papel es el ingrediente más grande y es por naturaleza muy resistente a la descomposición. El compostaje de los desechos sólidos urbanos es esencialmente un proceso de reciclaje, por lo que no se utiliza tierra, ni estiércol ni fuentes especiales de baja relación C/N para mejorar el valor fertilizante del producto final.

Los planes municipales de compostaje generalmente deben procesar grandes volúmenes de material en tierras muy valiosas cercanas a las ciudades. La economía significa que los montones se hacen tan grandes como sea posible, corren tan rápido como sea posible, y se sacan del campo sin preocuparse por desarrollar sus más altas calidades. Dado que lleva mucho tiempo reducir grandes proporciones de carbono, especialmente cuando están en formas muy resistentes a la descomposición como el papel, y dado que el uso del suelo en el montón de compostaje es esencial para evitar la pérdida de nitratos, los composts municipales tienden a ser bajos en nitrógeno y altos en carbono. En comparación, el compost de jardín casero más pobre que pude encontrar en los resultados de las pruebas fue casi igual al mejor compost municipal. La mejor muestra de jardín ("B") es bastante buena. No pude descubrir los ingredientes que iban en cualquiera de los dos compostadores de jardín, pero mi suposición es que el jardinero "A" incorporó grandes cantidades de materiales de alto C/N como paja, aserrín y similares mientras que el jardinero "B" utilizó estiércol, vegetación fresca, recortes de hierba y otros materiales similares de bajo C/N. En el próximo capítulo se evaluará la idoneidad de los materiales comúnmente utilizados para hacer abono.

Por muchos años de uso exitoso sé que de 15 a 20 sacos (alrededor de 120-180 kilos de peso seco) de abono de pollo 4-3-2 esparcido y labrado en mil pies cuadrados crecerá un magnífico jardín. Sin duda, una cantidad similar del abono de alto análisis del Jardín "B" haría más o menos el mismo trabajo. ¿También haría tres veces menos potente el abono del Jardín "A" o cinco veces más pobre el abono de la operación municipal de Johnson City? ¡No, en absoluto! Ni tampoco tres veces más sacos de estiércol de buey seco. Aquí está el porqué.

Si la materia orgánica compostada se esparce como mantillo sobre el suelo en los céspedes o alrededor de las plantas ornamentales y se permite que permanezca allí, su contenido de nitrógeno y C/N no son especialmente importantes. Incluso si el C/N es todavía alto, los animales continuarán el trabajo de descomposición como sucede en el suelo del bosque. Eventualmente sus excrementos serán transportados al suelo por las lombrices de tierra. Para ese momento la C/N será igual a la de otros humus del suelo y no se producirá ninguna interrupción en el proceso del suelo.

El cultivo de hortalizas es mucho más exigente que el de la mayoría de las plantas ornamentales perennes o el césped. Disculpen, jardineros de flores, pero he observado que incluso la mayoría de las flores prosperarán si sólo se hacen ligeras mejoras en su suelo. Lo mismo es cierto para la mayoría de las hierbas. Las dificultades con las plantas ornamentales o las hierbas se deben generalmente a que se intenta cultivar una especie que no está particularmente bien adaptada al lugar o al clima. Fertilizadas con estiércol de novillo ensacado o cubiertas con abono de media a baja calidad, la mayoría de las plantas ornamentales crecerán adecuadamente.

Pero los vegetales son criaturas delicadas y mimadas que deben crecer tan rápido como puedan si quieren ser suculentos, sabrosos y de alto rendimiento. La mayoría de ellas exigen niveles muy altos de nutrientes disponibles, así como un suelo blando y friable que contenga niveles razonables de materia orgánica. Por lo tanto, es extremadamente importante que un jardinero de vegetales entienda la inevitable interrupción que ocurre cuando la materia orgánica que tiene una relación C/N muy superior a 12:1 es arrojada al suelo.

La materia orgánica que ha estado en el suelo durante un tiempo ha sido alterada en una sustancia muy estudiada, el humus. Sabemos, por ejemplo, que el humus siempre tiene una relación carbono/nitrógeno de 10:1 a 12:1, como el abono del Jardín "B". Los escritores de jardines llaman a un gran abono como este, "humus estable", porque es lento para descomponerse. Su presencia en el suelo alimenta constantemente una ecología saludable de microorganismos importantes para la salud de las plantas, y cuya actividad acelera la liberación de los nutrientes de las plantas a partir de partículas de roca no descompuestas. El humus también es un fertilizante porque su descomposición gradual proporciona nutrientes minerales que hacen crecer a las plantas. El más importante de estos nutrientes es el nitrógeno nítrico, por lo que los científicos del suelo pueden llamar a la descomposición del humus "nitrificación".

Cuando el material orgánico con una relación C/N inferior a 12:1 se mezcla en el suelo, su descomposición es muy rápida. Debido a que contiene más nitrógeno que el humus estable, el nitrógeno se libera rápidamente para alimentar a las plantas y la vida del suelo. Junto con el nitrógeno vienen otros nutrientes de las plantas. Esta nitrificación acelerada continúa hasta que el nitrógeno restante se equilibra con el carbono restante en una proporción de aproximadamente 12:1. Entonces el suelo vuelve a estar en equilibrio. Cuanto más baja es la relación C/N, más rápida es la liberación y más violenta es la reacción del suelo. La mayoría de los materiales orgánicos de baja C/N, como la harina de semillas o el estiércol de pollo, liberan rápidamente nutrientes durante un mes o dos antes de estabilizarse. Lo que se ha descrito aquí es el fertilizante.

Cuando un material orgánico con una relación C/N superior a 12:1 es cultivado en el suelo, los animales y microorganismos del suelo se encuentran con un insuperable banquete de carbohidratos. Al igual que en un montón de abono, en pocos días las bacterias y los hongos pueden multiplicarse para igualar cualquier suministro de alimentos. Pero para construir sus cuerpos, estos microorganismos necesitan los mismos nutrientes que las plantas necesitan para crecer: nitrógeno, potasio, fósforo, calcio, magnesio, etc. Nunca hay suficiente cantidad de estos nutrientes en materia orgánica de alto C/N para satisfacer las necesidades de las bacterias del suelo, especialmente nunca hay suficiente nitrógeno, por lo que los microorganismos del suelo toman estos nutrientes de las reservas del suelo mientras "florecen" y consumen rápidamente todo el nuevo carbono que se les presenta.

Durante este período de rápida descomposición, el suelo es completamente despojado de los nutrientes de las plantas. Y la nitrificación se detiene. Inicialmente, una gran cantidad de gas de dióxido de carbono puede ser liberado, ya que el carbono es metabólicamente "quemado". Sin embargo, el CO2 en altas concentraciones puede ser tóxico para las semillas que brotan y, en consecuencia, pueden producirse fallos de germinación. Cuando estaba en el negocio de las semillas recibía unas cuantas quejas cada año de iracundos jardineros que exigían saber por qué cada paquete de semillas que sembraban no salía bien. Había dos causas habituales. Ya sea que antes de sembrar todas las semillas fueron expuestas a temperaturas superiores a 110 grados o más probablemente, una gran cantidad de "estiércol" de alto C/N fue arrojada al jardín justo antes de la siembra. En un suelo tan perturbado los trasplantes también pueden dejar de crecer por un tiempo. Si el "estiércol" contiene una gran cantidad de aserrín, la tierra parecerá muy infértil durante un mes o tres.

Sir Albert Howard tenía una forma única y concisa de expresar esta realidad. Decía que la tierra no era capaz de hacer dos trabajos a la vez. No se podía esperar que nitrificara el humus mientras se le requería también para digerir la materia orgánica. Esa es una de las razones por las que pensaba que el compostaje era un proceso tan valioso. La digestión de la materia orgánica procede fuera del suelo; cuando el producto terminado, el humus, está listo para la nitrificación, se labra.

El rápido consumo de carbono continúa hasta que la C/N del nuevo material cae al rango de humus estable. Entonces los microorganismos de la descomposición mueren y los nutrientes que acapararon son liberados de nuevo en el suelo. El tiempo que el suelo permanece inhóspito para el crecimiento de las plantas y la germinación de las semillas depende de la temperatura del suelo, la cantidad de material y su C/N, y la cantidad de nutrientes que el suelo mantiene en reserva. Cuanto más cálido y fértil era el suelo antes de la adición de materia orgánica de alta C/N, más rápido se descompondrá.

A juzgar por los análisis del abono en la tabla, puedo ver por qué algunos municipios tienen dificultades para eliminar el abono de residuos sólidos que están haciendo. Una operación gubernamental de compostaje que tiene éxito en la venta de todo lo que pueden producir es el condado de Lane, Oregon. Su compost de desechos de jardín es pagado con entusiasmo por los jardineros locales. El abono del condado de Lane se hace sólo con hojas de otoño, recortes de hierba y otros desechos de jardín. ¡No hay papel!

El abono de desechos de jardín es un producto muy parecido al que produciría un propietario. Y el abono de desechos de jardín no contiene residuos industriales o cualquier material que pueda suponer una amenaza para la salud. Todos los materiales leñosos son finamente astillados antes de ser compostados y no constituyen más del 20 por ciento de la masa total no descompuesta por peso. Aunque el condado no ha hecho ningún análisis de nutrientes más que comprobar el pH (alrededor de 7,0) y, debido al uso de maleza y fertilizantes de alimentación en los céspedes, para 2-4D (no se ha encontrado ningún rastro residual presente), estimo que el C/N total de los materiales que entran en las hileras es de 25:1. No me sorprendería que el abono terminado tenga una C/N cercana a 12:1.

Por cierto, el condado de Lane entiende que muchos jardineros no tienen camionetas. Ellos razonablemente ofrecen entregar su abono por una pequeña cuota si se compra al menos una yarda. Otros gobiernos locales también hacen y entregan abono de desechos de jardín.

Entonces, ¿qué pasa con el abono de su propia casa? Si eres un cultivador de flores, ornamentos o césped, no tienes nada de qué preocuparte. Sólo compostar todo lo que tengas disponible y usar todo lo que desees hacer. Si al labrar el abono en la tierra parece que se ralentiza el crecimiento de las plantas, entonces cubra con mantillo y evite labrarlo, o reduzca el C/N añadiendo fertilizantes como la harina de semillas al labrarlo.

Si eres un jardinero de vegetales y tu abono no parece provocar el tipo de respuesta de crecimiento que esperabas, ya sea que lo labres superficialmente en el abono en el otoño para la siembra del próximo año, para entonces se habrá convertido en humus estable, o lee más. La segunda mitad de este libro contiene numerosos consejos sobre cómo hacer un potente abono y sobre cómo usar fertilizantes orgánicos completos en combinación con el abono para cultivar el jardín más exuberante que se pueda imaginar.

En la mayor parte del país, se acumulan suficientes materiales orgánicos alrededor de una casa y un patio promedio para hacer todo el abono que un jardín trasero necesita. Probablemente tienes malezas, hojas, tal vez tu propio cabello humano (mi esposa es la barbera de la familia), polvo de la aspiradora, basura de la cocina y recortes de hierba. Pero, puede que no haya suficiente para construir simultáneamente el césped más exuberante, los ornamentos más saludables y cultivar las verduras. Si quieres hacer más abono de lo que tu propia tierra te permite, no es difícil encontrar cantidades muy grandes de materiales orgánicos que son gratis o cuestan muy poco.

El material más obvio que hay que traer para el compostaje es el estiércol animal. Los criadores de pollos y huevos y los establos de embarque a menudo regalan el estiércol o lo venden por una cuota nominal. Por unos pocos dólares, la mayoría de los criadores de animales a pequeña escala usarán alegremente su cargador de cucharas para llenar su camioneta hasta que los muelles se hundan.

Tan útil como el estiércol animal puede ser en una pila de abono, hay otros tipos de materiales de bajo C/N también. Enormes cantidades de alfalfa suelta se acumulan alrededor de las pilas de fardos de heno en los almacenes de alimentos y granos. Para el propietario, esta polvorienta paja es una molestia que se le da con gusto a cualquiera que la barra y la lleve en camión. Para el jardinero casero, la alfalfa en cualquiera de sus formas es tan rica como el oro.

Algunos años, el clima lluvioso de Oregón aún no se ha establecido en la temporada de heno y los granjeros están atascados con heno estropeado. Estoy seguro de que esto ocurre en la mayoría de los lugares donde el heno de hierba se cultiva con lluvias naturales. Aunque un astuto granjero puede intentar vender heno mohoso con un gran descuento al representarlo para que siga teniendo valor como alimento, en realidad estos fardos arruinados deben ser retirados de un campo antes de que interfieran con el trabajo de la tierra. Un duro negociador puede a menudo conseguir heno estropeado a cambio de sacar los fardos húmedos del campo

Hay un granjero local cerca de mí cuyo árbol genealógico tiene una merecida reputación de ser duro e interesado. Una temporada de heno particularmente húmeda, fresca y sin resolver, después de empezar la mimada polla a 90 centavos por bala pedida -nada se ofreció excepto sacar las balas empapadas del campo mi oferta- finalmente acepté quitar unas veinte toneladas a diez centavos por bala. Esta pequeña suma permitió al codicioso b-----to sentir que había sacado lo mejor de mí. Además, el funcionamiento de la justicia autoaplicada que algunos filósofos religiosos llaman karma muestra que a largo plazo lo peor que una persona puede hacer a otra es permitir que el otro se salga con la suya en un acto de maldad.

Cualquier compositor dedicado puede hacer contactos que produzcan materiales orgánicos baratos o gratuitos por toneladas. Los huertos pueden tener fruta muy dañada o podrida. Pequeñas fábricas de sidra, bodegas o un bar restaurante local de jugos puede estar contento de deshacerse del orujo. Las carpinterías tienen aserrín. Las tostadoras de café tienen polvo y paja. La microcervecería se está volviendo muy popular en estos días; los cerveceros y destiladores locales a gran escala pueden haber gastado lúpulo y puré. El producto estropeado o la paja puede estar disponible en los molinos de cereales.

Los gobiernos municipales suelen entregar las hojas de otoño por toneladas y regalan o venden la producción de sus propias operaciones municipales de compostaje. Los supermercados, los mayoristas de productos agrícolas y los restaurantes pueden estar dispuestos a regalar cajas de recortes y alimentos descompuestos. Los barberos y los peluqueros de caniches tiran el pelo.

Los procesadores de mariscos venderán camiones llenos de desechos de cangrejo, pescado y camarones frescos por una pequeña cuota. Por supuesto, este material se vuelve maloliente en muy poco tiempo, pero podría ser relativamente inofensivo si una persona tuviera mucho heno o aserrín estropeado esperando para mezclarlo. Los jardineros del mercado cerca de la costa de Oregón, compostan los desechos de cangrejo, labrando la tierra antes de que se ponga demasiado "alta". Otras partes del país podrían suministrar residuos de cítricos, bagazo de caña de azúcar, cáscaras de arroz, etc.

ACERCA DE LOS MATERIALES COMUNES

La **alfalfa** es una legumbre perenne rica en proteínas que se cultiva principalmente como alimento para animales. En un suelo favorable desarrolla un profundo sistema de raíces, a veces superando los tres metros. La alfalfa se nutre de los minerales del subsuelo, por lo que será tan rica o pobre en nutrientes como el subsuelo en el que creció. Su promedio de C/N es de alrededor de 12:1, lo que hace que la alfalfa sea útil para compensar cantidades mayores de material menos potente. La harina o los gránulos de alfalfa ensacados suelen ser menos costosos (y al ser "de tallo", tienen un C/N ligeramente más alto) que el heno de alfalfa frondoso y de mejor calidad, empacado en balas. Los fardos de heno de alfalfa, que han sido estropeados por la lluvia, no tienen ningún valor como alimento para animales, pero están lejos de ser inútiles para el compostaje.

El alimento para conejos peletizados es en gran parte alfalfa fortificada con grano. Naturalmente, el estiércol de conejo tiene un C/N muy similar al de la alfalfa y es rico en nutrientes, especialmente si se hace alguna provisión para absorber la orina.

El **estiércol de manzana** es húmedo y compacto. Si no se mezcla bien con material rígido y absorbente, grandes grupos de este u otros desechos de fruta pueden convertirse en regiones sin aire de descomposición anaeróbica. Tener un alto contenido de agua puede ser visto como una ventaja. El heno seco y el aserrín pueden ser difíciles de humedecer completamente; estos se hidratan rápidamente cuando se mezclan con la pulpa de la fruta. La pulpa de fruta en fermentación atrae a las chaquetas amarillas, por lo que es sensato incorporarla rápidamente en una pila y cubrirla bien con vegetación o suelo.

La pulpa acuosa de las frutas no es particularmente rica en nutrientes, pero las pulpas de manzana, uva y pera están generosamente dotadas de semillas blandas y descomponibles. La mayoría de las semillas contienen grandes cantidades de fósforo, nitrógeno y otros nutrientes vegetales. Es generalmente cierto que las plantas localizan gran parte de toda su asimilación anual de nutrientes en sus semillas para proporcionar a la siguiente generación el mejor comienzo posible. Los animales alimentados con semillas (como los pollos) producen los abonos más ricos.

Libros antiguos sobre el compostaje advierten sobre los residuos de pesticidas metálicos que se adhieren a las cáscaras de las frutas. Sin embargo, ha pasado casi medio siglo desde que el arsénico y el arseniato de plomo se utilizaron como pesticidas y el mercurio ya no se utiliza en los fungicidas.

El **bagazo** es el voluminoso producto de desecho de la extracción del azúcar de caña. Su C/N es extremadamente alto, similar a la paja o el aserrín de trigo, y contiene muy pocos nutrientes vegetales. Sin embargo, su estructura gruesa, fuerte y fibrosa ayuda a construir la ligereza en una pila y mejorar el flujo de aire. La mayoría de los ingenios azucareros queman el bagazo como fuente de calor para evaporar el agua del jugo azucarado exprimido de las cañas. En un momento dado, se producía mucho más bagazo del que los ingenios necesitaban para quemarlo y el bagazo a menudo se convertía en un contaminante ambiental. Entonces, el bagazo estaba disponible para nada o casi nada. Hoy en día, los grandes molinos modernos generan electricidad con bagazo y venden su excedente a la red eléctrica local. El bagazo también se usa para fabricar paneles de fibra de construcción para sub-pared y aislamiento.

Las **pieles de plátano** y los tallos son suaves y carecen de fibra fuerte. Son moderadamente ricos en fósforo, potasio y nitrógeno. Por consiguiente, se pudren rápidamente. Como otra basura de cocina, los desechos de plátano deben ser puestos en el núcleo de una pila de abono para evitar atraer y criar moscas. Véase también: Basura.

La **basura básica** es un residuo industrial de la fundición de hierro. El mineral se refina calentándolo con piedra caliza y dolomita. Las impurezas se combinan con el calcio y el magnesio, suben a la superficie del metal fundido y son desnatadas. La escoria básica contiene bastante calcio y una variedad de nutrientes vegetales útiles que no se encuentran normalmente en la piedra caliza. Su composición exacta varía mucho según el tipo de mineral utilizado.

La escoria se pulveriza y se vende en sacos como sustituto de la cal agrícola. La intensa actividad biológica de una pila de abono libera más del otro contenido mineral de la escoria y convierte sus nutrientes en sustancias orgánicas que se vuelven rápidamente disponibles una vez que el abono se incorpora al suelo. Otras formas de roca mineralizada pulverizada pueden añadirse de manera similar a una pila de compost para acelerar la liberación de nutrientes.

Rodale Press, editor de la revista "Organic Gardening" se encuentra en Pensilvania, donde abundan las fábricas de acero. Teniendo más experiencia con la escoria, Rodale aconseja al usuario que esté alerta al hecho de que algunas contienen pocos nutrientes útiles y/o pueden contener cantidades excesivas de azufre. Grandes cantidades de azufre pueden acidificar el suelo. Lea el análisis en la etiqueta. La escoria útil para la agricultura tiene una composición media de 40 por ciento de calcio y 5 por ciento de magnesio. También debe ser molida muy finamente para ser efectiva. Vea también: Cal y polvo de roca.

Los **residuos de la remolacha**, como el bagazo, son un residuo de la extracción de azúcar. Tienen valor comercial como alimento para el ganado y se venden como pulpa seca en tiendas de alimentación situadas cerca de las regiones donde se cultiva la remolacha azucarera. Su C/N está en la vecindad de 20:1 y pueden contener altos niveles de potasio, llegando hasta el 4 por ciento.

Residuos de cervecería. Tanto el lúpulo usado (flores y hojas secas) como la malta (cebada germinada y a menudo otros granos) son potentes fuentes de nutrientes con bajas relaciones C/N. La malta gastada es especialmente potente porque los cerveceros extraen todos los almidones y los convierten en azúcar, pero consideran las proteínas como desechos porque las proteínas de la cerveza la hacen turbia y opaca. El lúpulo puede ser más fácil de conseguir. La malta tiene usos como alimento para animales y puede ser contratada por algún cebadero o agricultor local. Estos materiales serán húmedos, pesados y con un olor afrutado (aunque no desagradable) y querrás incorporarlos a tu pila de abono inmediatamente.

Cáscaras de alforfón. El alforfón es un grano que se cultiva en el noreste de los Estados Unidos y el Canadá. Adaptado a suelos pobres y secos, el cultivo se cultiva a menudo como abono verde. Las semillas están encerradas en una cáscara fibrosa de paredes finas, de color marrón a negro, que se retira en un molino de grano. Los cascos de trigo sarraceno son ligeros, elásticos y aireados. Ayudan a esponjar un montón de abono. Los cascos de alforfón son populares como mantillo porque absorben la humedad fácilmente, se ven atractivos y se mantienen en su lugar. Su C/N es alto. Los cascos de avena y arroz son productos similares.

La **comida de colza**. Ver: Comida de semillas de algodón.

El **aceite de ricino** es la pulpa que queda después de que el aceite de ricino ha sido exprimido de las semillas de ricino. Al igual que otros residuos de semillas oleaginosas, es muy alto en nitrógeno, rico en otros nutrientes vegetales, en particular en fósforo, el orujo de ricino puede estar disponible en el sur profundo; es un buen sustituto del estiércol animal.

Los **residuos de cítricos** pueden estar disponibles para los jardineros que viven cerca de los procesadores industriales de naranja, limón y pomelo. En esas regiones, la pulpa de cítricos secos también puede estar disponible en las tiendas de piensos. Las cáscaras de naranja secas contienen alrededor de un 3 por ciento de fósforo y un 27 por ciento de potasio. Los limones son un poco más altos en fósforo pero más bajos en potasio. Los frutos secos tendrían una proporción similar de nutrientes en base al peso seco, pero son en gran parte agua. Grandes cantidades de desechos podrían ser útiles para hidratar materiales obstinadamente secos como la paja o el aserrín.

Al igual que otros subproductos de la agricultura industrial, los desechos de cítricos pueden contener cantidades importantes de residuos de plaguicidas. El proceso de compostaje descompondrá y eliminará la mayoría de los residuos orgánicos tóxicos, especialmente si la pila se calienta mucho. El efecto de niveles tan altos de potasio en las cualidades nutricionales de mis alimentos también me preocuparía si el abono que estaba haciendo con estos residuos se utilizara para la horticultura.

Los **posos de café** son ricos en nutrientes como otras comidas con semillas. Incluso después de prepararlos, pueden contener hasta un 2 por ciento de nitrógeno, alrededor de un 1/2 por ciento de fósforo y cantidades variables de potasio, por lo general muy por debajo del 1 por ciento. Su C/N es de alrededor de 12:1. Los tostadores y envasadores de café necesitan deshacerse de la paja del café, similar en valor nutritivo a los posos usados y pueden ocasionalmente tener una carga de granos demasiado tostados.

Los posos de café parecen ser el alimento preferido de la lombriz. En los cubos de lombrices, los granos usados son devorados más vigorosamente que cualquier otra sustancia. Si se tiene en cuenta el ligero olor, especialmente si se hace vermicompostaje en el hogar, los posos de café deben incorporarse rápidamente a una pila para evitar el amargor que resulta de las bacterias productoras de vinagre. Los posos de fermentación también pueden atraer a las inofensivas moscas de la fruta. Los filtros de papel utilizados para hacer café de goteo pueden colocarse en el montón o en la caja de gusanos donde contribuyen a la cama. Véase también: Papel.

Las **mazorcas** ya no están disponibles como producto de desecho agrícola porque los modernos equipos de cosecha las trituran y escupen el residuo de vuelta al campo. Sin embargo, los jardineros caseros que desean maíz dulce pueden producir grandes cantidades de mazorcas. Las mazorcas enteras airearán los montones de abono pero son lentas para descomponerse. Si quieres que tu pila esté lista en un año, es mejor secar y luego moler las mazorcas antes de hacer el abono.

La **harina de algodón** es uno de los mayores residuos de semillas oleaginosas de este país. La semilla es desmotada de la fibra de algodón, molida, y luego su contenido de aceite es extraído químicamente. El residuo, a veces llamado torta oleaginosa o torta de semillas, es muy alto en proteínas y rico en NPK. Su C/N es de alrededor de 5:1, lo que lo convierte en una excelente manera de equilibrar una pila de abono que contiene muchos materiales carboníferos.

La mayor parte de la harina de semillas de algodón se utiliza como alimento para animales, especialmente para ganado vacuno y lechero. Comprada en tiendas de jardinería en pequeños contenedores es muy cara; comprada por el saco de 50 a 80 libras en tiendas de alimentos o cooperativas agrícolas, la harina de semillas de algodón y otras harinas de semillas oleaginosas son bastante baratas. Aunque los precios de este tipo de productos varían de un año a otro, las tortas de aceite de todo tipo suelen costar entre 200 y 400 dólares por tonelada y sólo un poco más caro si se compran en lotes de menos de una tonelada.

El precio de cualquier harina de semillas está fuertemente influenciado por los costos de flete. La harina de semillas de algodón es más barata en el sur y el suroeste, donde el algodón se cultiva ampliamente. La harina de soja puede estar más disponible y tener un mejor precio en el medio oeste. Los jardineros canadienses están descubriendo la harina de canola, un subproducto de la producción de aceite de canola (o colza). Cuando me tomé un año sabático en Fiji, aconsejé a los jardineros locales que utilizaran la harina de coco, un "residuo" barato de la extracción de aceite de coco. Y no me sorprendería en absoluto descubrir a los jardineros de Dakota del Sur usando harina de girasol. Las semillas de sésamo, las semillas de cártamo, los cacahuetes y las semillas oleaginosas de maíz también pueden estar disponibles en ciertas localidades.

Las harinas de semillas son un punto de partida ideal para componer mezclas completas de fertilizantes orgánicos. El promedio de análisis NPK de la mayoría de las harinas de semillas es de alrededor de 6-4-2. Consideradas como fertilizantes, las tortas de aceite tienen una cierta falta de fósforo y a veces de oligoelementos. Si se complementan con materiales como harina de huesos, roca fosfórica, harina de algas, a veces polvos de roca ricos en potasio y cal o yeso, se puede mezclar en casa una sola fuente de fertilizante orgánico de amplio espectro y liberación lenta, rica en oligoelementos, con un análisis de alrededor de 5-5-5. La harina de semillas de algodón es particularmente excelente para este propósito porque es un material seco, fluido e inodoro que se almacena bien. Sospecho que la harina de semilla de algodón del suroeste puede estar mejor dotada de oligoelementos que la de los suelos del sudeste lixiviados o la harina de soja de las granjas agotadas del medio oeste. Ver la última sección del capítulo ocho.

Algunas burocracias de certificación orgánica prohíben o desalientan tontamente el uso de la harina de semillas de algodón como fertilizante. El fundamento de esta rígida autojustificación es que el algodón, al ser un cultivo no alimentario, se rocía con fuertes aplicaciones de pesticidas y/o herbicidas que son tan peligrosos que no están permitidos en los cultivos alimentarios. Estos productos químicos suelen disolverse en un portador emulsionado a base de aceite y la planta de algodón concentra naturalmente los residuos de pesticidas y descompone los productos en la semilla oleosa.

Creo que esta preocupación es exacta en lo que respecta a los residuos de plaguicidas que se translocan en la semilla. Sin embargo, el proceso químico utilizado para extraer el aceite de la semilla de algodón es muy eficiente Las semillas molidas se mezclan con un disolvente volátil similar al éter y se calientan bajo presión en retortas gigantes. Razono que cuando el disolvente es exprimido de la semilla, se lleva consigo no sólo el aceite, sino, creo, virtualmente todos los residuos de pesticidas. Además, cualquier toxina orgánica restante será destruida aún más por la actividad biológica del suelo y especialmente por el intenso calor de una pila de abono.

Lo que me preocupa personalmente es el aceite de semilla de algodón. Evito los aderezos para ensalada preparados que puedan contener aceite de semilla de algodón, así como muchos tipos de maíz y patatas fritas, ostras en lata y otros productos alimenticios preparados. También sugiero que mire en la parte trasera de sus restaurantes favoritos de comida oriental y rápida y vea si no hay montones de latas de aceite de semilla de algodón de diez galones esperando para llenar la freidora. Temo que este tipo de comida sea peligrosa para mi salud. Si todavía teme que la harina de semilla de algodón sea también un producto peligroso, entonces no querrá comer carne de vacuno o beber leche o usar otros productos lácteos de ganado alimentado con harina de semilla de algodón.

La **comida de sangre** contiene entre 10 y 12 por ciento de nitrógeno y cantidades significativas de fósforo. Es el único fertilizante orgánico que es naturalmente soluble en agua. La harina de sangre, como otros desechos de matadero, puede ser demasiado cara para usarla como activador de abono.

Espolvoreada sobre el suelo como un complemento, la sangre seca suele provocar una respuesta de crecimiento potente e inmediata. La harina de sangre es tan potente que es capaz de quemar las plantas; cuando se aplica debe evitar que se deposite en las hojas o en los tallos. Aunque es principalmente una fuente de nitrógeno, creo que hay otras sustancias nutricionales como las hormonas de crecimiento o las "fitominas" orgánicas complejas en la harina de sangre. Los cultivadores británicos de lechuga de invernadero están ampliamente de acuerdo en que la lechuga que se coloca junto a la harina de sangre unas tres semanas antes de la cosecha tiene un mejor "acabado", una vida útil mucho más larga y una menor tendencia a "morderse el trasero" en comparación con la lechuga fertilizada de forma similar con fuentes de urea o nitrato químico.

Las **plumas** son el equivalente del pelo de los animales y tienen propiedades similares. Ver Pelo

Pescado y desechos de mariscos. Estos materiales proteínicos, con alto contenido de nitrógeno y trazas de minerales, se pueden conseguir fácilmente a bajo costo o sin costo alguno en lotes de carga de las fábricas de conservas y procesadores de alimentos marinos. Sin embargo, en las pilas de abono, grandes cantidades de estos materiales se pudren fácilmente, hacen que la pila se vuelva anaeróbica, emiten olores horribles y, lo que es peor, atraen a las alimañas y a las moscas. Para evitar estos problemas, los desechos de mariscos frescos deben mezclarse inmediatamente con grandes cantidades de material seco y de alto C/N. Probablemente sólo hay unos pocos compostadores caseros capaces de utilizar una o dos toneladas de desechos de pescado húmedo de una sola vez.

Los habitantes de Oregón se enorgullecen de ser vecinos tolerantes y lentos en el despegue. A lo largo de la costa de Oregón, los pequeños horticultores esparcen los desechos de camarones o cangrejos sobre un campo y lo cultivan rápidamente. Una vez incorporados al suelo, el olor se disipa rápidamente. En menos de una semana.

La **comida de pescado** es una alternativa mucho mejor para usar en casa. Por supuesto, no hay que preocuparse por el costo y sólo hay que pensar en usar los mejores materiales posibles para producir el mejor alimento nutritivo cuando se elige sustituir la harina de pescado por abono animal o tortas de aceite. La harina de pescado es mucho más potente que la harina de semillas de algodón. Su análisis típico de nutrientes es de 9-6-4. Sin embargo, calculado por libra de nutrientes que contienen, las harinas de semillas son una forma mucho menos costosa de comprar NPK. La harina de pescado también es ligeramente odorífera. El olor no se parece en nada a los residuos de mariscos húmedos, pero puede atraer a gatos, perros y alimañas.

Lo que puede hacer que la harina de pescado valga la pena y el gasto es que el agua de mar es el último depositario de todos los nutrientes solubles en agua que alguna vez estuvieron en el suelo. Los animales y las plantas que viven en el mar disfrutan de una nutrición completa y equilibrada. El libro clásico de Weston Price, "Nutrición y Degeneración Física", atribuye una salud casi perfecta a los seres humanos que hicieron de los mariscos una parte significativa de sus dietas. En los años 30, antes de que los alimentos procesados estuvieran disponibles universalmente en los lugares más remotos, la gente que vivía en las costas marinas aisladas tendía a vivir mucho tiempo, a tener una salud magnífica y dientes perfectos. Ver también: Comida de algas.

Basura. La mayoría de los residuos de cocina son un excelente abono. Pero los estadounidenses tontamente envían megatones de basura de cocina a los vertederos o sobrecargan las plantas de tratamiento de aguas residuales moliendo la basura en un vertedero. El promedio de C/N de la basura es bastante bajo por lo que su presencia en un montón de compost facilita la descomposición de materiales menos potentes. La basura de la cocina también puede ser reciclada de otras maneras como el vermicompost (cajas de lombrices) y enterrándola en el jardín en zanjas o agujeros de postes. Estos métodos alternativos de compostaje serán discutidos con cierto detalle más adelante.

Poner los restos y desechos de comida en un vertedero es obviamente el método menos problemático y aparentemente el más "sanitario", pasando el problema a otros. Manejado con un poco de previsión, el compostaje de los residuos de alimentos caseros no criará moscas o hará que la cocina esté desordenada o maloliente. El paso más importante para mantener la cocina limpia y libre de olores es poner los desechos en un pequeño cubo de plástico u otro recipiente de uno o dos galones de tamaño, y vaciarlo cada pocos días. Periódicamente se añade una fina capa de aserrín o musgo de turba supuestamente ayuda a prevenir los olores. En nuestra cocina, hemos descubierto que cubrir el cubo de abono no es una alternativa al vaciado. Al incorporar los residuos de la cocina en una pila de abono, esparcirlos finamente y cubrirlos con uno o dos centímetros de hojas, hierba seca o heno para absorber la humedad y evitar el acceso de las moscas. Puede ser aconsejable utilizar un contenedor de compostaje a prueba de alimañas.

Polvo de granito. Ver Polvo de roca.

Residuos de uva. Ver Orujo de manzana.

Recortes de hierba. Junto con la basura de la cocina, los recortes de hierba son el material compostable más disponible para el propietario medio. Incluso si (sabiamente) no compostas todos tus recortes (ver barra lateral), tus tontos vecinos pueden embolsar los suyos para que te los lleves. Si cubre con mantillo los recortes de hierba, asegúrese de que los vecinos no usen fertilizantes del tipo "hierba y alimento", ya que los recortes pueden causar la muerte de las plantas que se cubren con mantillo. Los rastros de esos tipos de herbicidas de hoja ancha permitidos en los fertilizantes "desmalezar y alimentar", se descomponen completamente en el proceso de compostaje.

No es necesario devolver cada pedazo de materia orgánica para mantener un césped sano. Tal vez de un tercio a la mitad de la producción anual de biomasa pueda ser retirada y utilizada para el compostaje sin agotar seriamente el vigor del césped - especialmente si se da una aplicación de un fertilizante de calidad al césped cada año. Probablemente la mejor época del año para quitar los recortes es durante la primavera, cuando el césped crece más rápidamente. Una vez que se establece una mezcla de trébol/hierba, es menos necesario usar fertilizantes de nitrógeno. De hecho, los altos niveles de nitratos en el suelo reducen la capacidad del trébol para fijar el nitrógeno atmosférico. Sin embargo, puede ser necesario añadir otros nutrientes minerales como el fósforo, el potasio y, especialmente, el calcio.

La salud del césped es similar a la del jardín. Ambas dependen de la presencia de cantidades suficientes de material orgánico en el suelo. Esta materia orgánica contiene una enorme reserva de nutrición acumulada a lo largo de los años por las propias plantas en crecimiento. Cuando, por razones de estética momentánea, embolsamos y quitamos los recortes de nuestro césped, evitamos que la hierba recicle su propia fertilidad.

Una vez se creyó erróneamente que los recortes de césped sin raspar se acumulaban en el suelo como paja no rota, promoviendo insectos y enfermedades dañinas. Esta es una verdad a medias. Los céspedes fertilizados repetidamente con fertilizantes químicos a base de azufre, especialmente sulfato de amonio y superfosfato, se vuelven tan ácidos y por lo tanto tan hostiles a la descomposición bacteriana y a los animales del suelo que una paja de recortes no podrida y césped muerto puede acumularse y así promover enfermedades y problemas de insectos.

Sin embargo, los céspedes a los que se les da cal o yeso para que suministren el calcio que es tan vital para el crecimiento saludable del trébol, y las comidas de semillas y/o los aderezos de abono o estiércol finamente descompuesto se vuelven naturalmente saludables. Los recortes que caen sobre este tipo de césped se pudren rápidamente debido al alto nivel de microorganismos en el suelo, y desaparecen en días. El trébol blanco enano puede producir todo el nitrógeno de nitrato que los pastos necesitan para mantenerse verdes y crecer con fuerza. Una vez que se desarrolla este estado de salud, las malezas de hoja ancha tienen dificultades para competir con el césped lujurioso del trébol y desaparecen gradualmente. La fertilización rara vez será necesaria de nuevo si se elimina la poca biomasa.

Los propietarios que exigen la apariencia elegante de un césped rastrillado, pero que aún así quieren un césped sano, tienen varias opciones. Pueden hacer abono con sus recortes de césped y luego devolver el abono al césped. Pueden usar un cortacésped de descarga lateral y cortar dos días seguidos. El primer corte dejará filas de recortes para que se sequen en el césped; el segundo corte desintegrará esos recortes y prácticamente los hará desaparecer. Por último, hay cortadoras "mulching" con cuchillas que cortan los recortes de hierba verde en pequeños trozos y los dejan caer debajo de la cortadora donde no se notan.

Los recortes de hierba, especialmente la hierba primaveral, son muy altos en nitrógeno, similar al mejor estiércol de caballo o vaca. Cualquiera que haya apilado recortes de hierba fresca ha notado lo rápido que se calientan, lo rápido que la pila se convierte en un lío anaeróbico viscoso, sin aire y con mal olor, y cuánto amoníaco puede desprenderse. La hierba verde debe ser dispersada completamente en una pila, con abundante material seco. Reservar bolsas de hojas del otoño o tener a mano un fardo de paja para mezclarlas si es necesario. Los recortes que se dejan secar al sol durante unos días antes de rastrillar o embolsar se comportan mucho mejor en el montón de abono.

Verde. Ver Polvo de roca.

El **aire** contiene diez veces más nitrógeno que la mayoría de los abonos. Resiste la absorción de la humedad y se comprime fácilmente, esteras y derrama agua, por lo que el pelo debe ser mezclado con otros materiales más húmedos. Si tuviera fácil acceso a una peluquería, salón de belleza o negocio de aseo de caniches, definitivamente usaría el cabello en mi abono. Las plumas, la harina de plumas y el polvo de plumas (el equivalente al pelo de un pájaro) tienen cualidades similares.

Hierba. En climas templados, los pastos pasan por un ciclo anual que cambia enormemente su contenido de nutrientes. Los pastos de los pastos no son muy diferentes. Los primeros cortes de la hierba de primavera son potentes fuentes de nitrógeno, con alto contenido de proteínas y otros nutrientes minerales vitales. De hecho, el pasto primaveral puede ser un alimento tan bueno para los animales como la alfalfa u otro tipo de heno leguminoso. La hierba joven, por ejemplo, puede superar el dos por ciento de nitrógeno, lo que equivale a un 13 por ciento de proteínas. Es por eso que el ganado y los caballos en el pasto fresco de primavera se revuelven y por eso la mantequilla de junio es tan amarilla oscura, rica en vitaminas y de buen sabor.

A finales de la primavera, los pastos comienzan a formar semillas y su composición química cambia. Con la aparición del tallo de la semilla, el contenido de nitrógeno baja notablemente y las hojas se vuelven más fibrosas, leñosas y, por consiguiente, más reacias a descomponerse. En la polinización el ryegrass ha bajado a cerca de 1 por ciento de nitrógeno y para el momento en que la semilla madura se ha desarrollado, a cerca de 0,75 por ciento.

Estas realidades tienen profundas implicaciones para la fabricación de heno, para el uso de los pastos como abono verde, y para la evaluación del C/N del heno que puede estar planeando utilizar en un montón de compostaje. En épocas anteriores, la fabricación de heno de hierba que fuera lo suficientemente nutritivo para mantener la salud del ganado requería cortar la hierba antes, o justo en la primera aparición de los tallos de las semillas. La cosecha temprana no sólo reducía enormemente el rendimiento en masa, sino que normalmente significaba que, sin preocuparse por el coste o las horas de trabajo, la hierba tenía que ser cuidadosamente secada en una época del año en la que las lluvias eran más frecuentes y las temperaturas más bajas. En la Inglaterra del siglo XIX, el secado de la hierba se hacía a mano sobre vallas bajas, salpicando cada pasto con cientos de pequeños bastidores que arrojaban agua como techos de paja y permitían el flujo de aire desde abajo. Es obvio para mí de dónde vino el deporte de correr vallas; imagino a jóvenes y enérgicos campesinos, animados por la rica leche de primavera y los primeros vegetales del año, corriendo exuberantemente unos a otros a través de los campos recién cortados durante la temporada de heno.

En años más recientes, la hierba fresca y húmeda de primavera se empaquetaba verde en fosas y se convertía en ensilaje donde una fermentación anaeróbica controlada retenía su contenido nutricional de la misma manera que el chucrut mantiene la col. El ensilaje hace que el secado sea innecesario. Hoy en día, la mano de obra agrícola es cara y los tractores son relativamente baratos. Parece que el heno de hierba debe ser cortado más tarde cuando el clima es más estable, secado económicamente en el suelo, impedido de moldearse por rastrillos frecuentes, y luego empacado mecánicamente.

En las regiones que disfrutan de manantiales relativamente sin lluvia o en las que la agricultura depende del riego, este sistema puede dar lugar a un heno de calidad. Pero la mayoría de los agricultores modernos deben complementar el heno de baja calidad con tortas de aceite u otros concentrados. Donde yo vivo, los manantiales son frescos y húmedos y el clima puede no estabilizarse hasta mediados de junio. Para esta fecha la semilla de hierba ya está formada y comienza a secarse. Esto significa que nuestro heno de hierba local es muy bajo en proteínas, tiene un alto C/N, y es muy leñoso, un poco mejor que la paja de trigo. Es una lástima que los pobres caballos y el ganado deban tratar de extraer suficiente nutrición de este material.

Las condiciones climáticas del oeste de Oregón también significan que los granjeros a menudo terminan con heno de lluvia que están felices de vender barato. Durante muchos años he hecho enormes montones de abono en gran parte de este tipo de heno. Una seria responsabilidad de cortar el heno de hierba tarde es que contendrá semillas viables. Si el proceso de compostaje no calienta completamente todas estas semillas, el abono hará brotar la hierba por todo el jardín. Una última dificultad con el heno de hierba de mala calidad: los duros tallos leñosos son reacios a absorber la humedad.

La mejor manera de superar simultáneamente todos estos inconvenientes es permitir que los fardos se echen a perder completamente y se enmohezcan por completo antes de hacer el abono. Cuando tengo una tonelada o dos de fardos de heno estropeados alrededor, los esparzo en el suelo en una sola capa y los dejo en la lluvia durante todo un invierno. Haciendo esto brota la mayoría de las semillas de hierba dentro de las balas, humedece completamente el heno, e inicia la descomposición. El próximo verano recojo este material, quito el hilo de empacar, y lo mezclo en pilas de abono con mucho más nitrógeno.

Una última palabra sobre la hierba y cómo funciona cuando se abona en verde. Si se labra un grueso rodal de hierba durante la primavera antes de que empiece la formación de semillas, su alto contenido de nitrógeno fomenta una rápida descomposición. El material que contiene un 2 por ciento de nitrógeno y carece de mucha fibra resistente puede estar totalmente podrido y fuera del camino en dos semanas, dejando el suelo listo para plantar. Esta variación de abono verde funciona como un encanto.

Sin embargo, si las condiciones climáticas inestables impiden la labranza hasta que la formación de semillas haya comenzado, los pastos contendrán mucho menos nitrógeno y habrán desarrollado un mayor contenido de ligninas resistentes. Si el suelo no se seca y ya hay grandes reservas de nitrógeno esperando en el suelo para equilibrar el alto C/N de la hierba madura, puede tardar sólo un mes en descomponerse, pero habrá tanta descomposición durante las primeras semanas que incluso se inhibirá la germinación de las semillas. Tener que esperar un mes o seis semanas inesperadas después de que el tiempo húmedo impidió la formación de un temprano lecho de semillas puede retrasar la siembra por tanto tiempo que la temporada se pierde durante todo el año.

Obstáculos como éste deben tenerse en cuenta cuando se considere el uso de abono verde como técnica de construcción del suelo. Cortar el pasto cerca de la línea del suelo y hacer abono con la vegetación del campo elimina este problema.

Harina de pezuñas y cuernos. ¿Sabías que los animales construyen sus pezuñas y cuernos con pelo comprimido? La comida es similar en composición de nutrientes a la harina de sangre, polvo de cuero, harina de plumas o harina de carne (tankage). Es una poderosa fuente de nitrógeno con cantidades significativas de fósforo. Como otros subproductos de matadero, su alto costo puede hacer que no sea práctico usarla para ajustar el C/N de las pilas de abono. Las harinas de semillas o el estiércol de pollo (los pollos son alimentados principalmente con semillas) tienen un contenido de nitrógeno algo menor que los subproductos animales, pero su precio por libra de nutrición real es más razonable. Si la harina de cascos y cuernos no se dispersa a través de una pila puede atraer a las moscas y pudrirse. Preferiría usar concentrados de matadero caros para mezclarlos con mezclas de fertilizantes orgánicos.

Pulpa de Zumo: Ver Orujo de manzana.

-Las **harinas de algas** de varios países están disponibles en almacenes de piensos y granos y en mejores centros de jardinería, normalmente en sacos de 25 kg (55 libras) con un coste que oscila entre los 20 y los 50 euros. Teniendo en cuenta este precio elevado, considero que el uso de harina de algas es más justificable en mezclas de fertilizantes orgánicos completos como fuente de oligoelementos que como suplemento de compostaje.

Hay una gran cantidad de tradiciones sobre las propiedades estimulantes del crecimiento y fortalecedoras del estrés de la comida de algas. Algunas marcas de tiendas de jardinería pregonan estas cualidades y cobran un precio muy alto. Los mejores precios se encuentran en los distribuidores de alimentos donde la harina de algas se considera un producto a granel útil como suplemento alimenticio para animales.

He comprado harina de algas marinas de Noruega, Corea y Canadá. Probablemente haya otros tipos de otros lugares. No creo que haya una diferencia significativa en el contenido de minerales de una fuente en comparación con otra. No niego que puede haber diferencias en lo bien que el método de procesamiento de los empacadores preservó la multitud de químicos orgánicos complejos beneficiosos de las algas que mejoran el crecimiento y la salud general de las plantas al funcionar como estimulantes de crecimiento, fitomedicamentos, y quién sabe qué más.

Aún así, prefiero comprar por precio, no por mística, porque, después de trabajar en el jardín durante más de veinte años, escribir sobre el jardín durante quince y estar en el negocio de venta por correo de semillas de jardín durante siete, he recibido innumerables afirmaciones sorprendentes de pregoneros de aceites de serpientes agrícolas; después de probar docenas de estos brebajes, tiendo a no creer en las afirmaciones místicas de superioridad única. Ver también: algas marinas.

El **polvo de cuero** es un producto de desecho de las curtidurías, similar a la harina de pezuña y cuerno o tankage. Puede o no estar contaminado con altos niveles de cromo, una sustancia utilizada para curtir la gamuza. Si en la curtiduría en cuestión sólo se produce cuero con curtido vegetal, el polvo de cuero debería ser una fina enmienda del suelo. Algunos burócratas de la certificación orgánica prohíben su uso, tal vez con razón en este caso.

Hojas. Los nutrientes del suelo son disueltos por la lluvia y lixiviados de las capas superficiales, transportados al subsuelo, de ahí el agua subterránea, y finalmente al mar salado. Los árboles tienen sistemas de raíces profundas, que llegan muy lejos en el subsuelo para traer los nutrientes de las plantas de vuelta, convirtiéndolos en el reciclador de nutrientes de la naturaleza. Debido a que aumentan enormemente la fertilidad del suelo, J. Russell Smith llamó a los árboles "grandes motores de producción". Cualquiera que no haya leído su libro visionario, Cultivos de árboles, debería. Aunque fue escrito en 1929, este clásico libro está actualmente en imprenta.

Una vez al año, las hojas están disponibles en gran cantidad, pero no son el material más fácil de compostar. Ricas en minerales pero bajas en nitrógeno, son generalmente lentas para descomponerse y tienden a empaquetarse en una masa sin aire. Sin embargo, si se mezclan con estiércol u otra enmienda con alto contenido de nitrógeno y suficiente material firme para evitar la compactación, las hojas se pudren al igual que cualquier otra sustancia. Pasar las hojas secas por una trituradora o triturarlas con una cortadora de césped acelera enormemente su descomposición. De todos los materiales que he pasado por una trituradora de jardín, las hojas secas son las más fáciles y corren más rápido.

Una vez picadas, las hojas ocupan mucho menos volumen. Mi vecino, John, un jardinero muy serio como yo, tiene varios grandes basureros llenos de hojas secas pulverizadas para usarlas como mantillo cuando sea necesario. Si fuera un jardinero del norte, guardaría las hojas secas trituradas en bolsas de plástico durante el invierno para mezclarlas en montones de abono cuando se dispusiera de recortes de hierba de primavera y otros materiales más potentes. Algunas personas temen usar las hojas urbanas porque pueden contener contaminantes automovilísticos como aceite y componentes de goma. Tales preocupaciones son probablemente infundadas. Dave Campbell, que dirigió el programa de compostaje de hojas de la Oficina de Mantenimiento de la Ciudad de Portland (Oregón), dijo que ha realizado pruebas de metales pesados y residuos de pesticidas en cada hilera de compostaje que ha hecho.

"Casi todas nuestras pruebas hasta ahora han mostrado menos que el nivel de fondo para los metales pesados, y no hay rastros de pesticidas [incluyendo] pesticidas clorados y organofosforados.... Es muy raro que haya algún problema".

Campbell cuenta una interesante historia que señala lo bien que el compostaje elimina los residuos de pesticidas. Él dijo,

"Una vez tuve curiosidad por algunas hojas que obteníamos de un parque de la ciudad donde sabía que los árboles habían sido rociados con un pesticida justo un mes antes de que las hojas cayeran y las recogimos. En este caso, hice analizar las hojas sin descomponer y luego el abono. En las hojas frescas se detectó un rastro de... residuos, pero cuando el proceso de compostaje terminó, no se encontró ningún nivel detectable".

Cal. No hay duda de que el calcio es un nutriente vital para el suelo tan esencial para la formación de proteínas vegetales y animales como el nitrógeno. Los suelos deficientes en calcio pueden ser mejorados de forma económica añadiendo cal agrícola que es carbonato de calcio relativamente puro (CaC03). El uso de la cal agrícola o la cal dolomítica en las pilas de abono es algo controvertido. Incluso las autoridades más autorizadas no están de acuerdo. No se discute que el contenido de calcio del material vegetal y del estiércol animal resultante de ese material vegetal depende en gran medida de la cantidad de calcio disponible en el suelo. El capítulo ocho contiene una discusión bastante completa de este mismo fenómeno. Si una pila de abono está hecha de una variedad de materiales cultivados en suelos que contenían el calcio adecuado, entonces la adición de cal adicional debería ser innecesaria. Sin embargo, si los materiales que se están compostando son en sí mismos deficientes en calcio, entonces los organismos de descomposición pueden no desarrollarse completamente.

Mientras preparaba este libro, pregunté al venerable Dr. Herbert H. Koepf sobre la cal en el montón de compostaje. Los libros biodinámicos de Koepf sirvieron como mi propia introducción a la jardinería a principios de los 70. Todavía está activo, aunque a finales de los setenta. Koepf cree que la cal no es necesaria en las mezclas de compostaje que contienen cantidades significativas de estiércol porque la descomposición de materiales proteínicos desarrolla un pH más o menos neutro. Sin embargo, cuando se compostan mezclas de vegetación sin estiércol, las condiciones tienden a volverse muy ácidas y se inhibe la fermentación bacteriana. Para corregir el bajo pH, Koepf recomienda la cal agrícola a 25 libras por tonelada de vegetación, el peso calculado en base a la materia seca. Para calcular el peso seco, recuerde que la vegetación verde es 70-80 por ciento agua, para evitar que el material orgánico como el heno se eche a perder, primero se seca por debajo del 15 por ciento de humedad.

Hay otra razón para asegurarse de que una pila de abono contenga una abundancia de calcio. Las azobacterias, que pueden fijar el nitrógeno de nitrato en las pilas de abono, dependen para su actividad de la disponibilidad de calcio. Añadir cal agrícola en tal situación puede ser muy útil, acelerar enormemente el proceso de descomposición y mejorar la calidad del compost. Albert Howard utilizó pequeñas cantidades de cal en sus pilas de compost específicamente para ayudar a la fijación del nitrógeno. También incorporó cantidades significativas de estiércol fresco de bovino al mismo tiempo.

Sin embargo, la adición de cal a las pilas de estiércol calefactado da lugar a la pérdida de grandes cantidades de gas amoníaco. Tal vez esta es la razón por la que algunas personas se oponen al uso de la cal en cualquier proceso de compostaje. Tenga en cuenta que una pila de estiércol no es una pila de abono. Aunque ambos se calentarán y se descompondrán, el C/N inicial de una pila de estiércol de granja es de 10:1 mientras que un montón de abono de residuos de jardín y de cocina es de 25:1 a 30:1. En cualquier momento en que se permite que un material altamente nitrogenado, como estiércol fresco o recortes de hierba primaveral, se descomponga sin ajustar la relación carbono/nitrógeno con material menos potente, se tiende a liberar amoníaco, con o sin cal.

Sólo la cal agrícola o, un poco mejor, la cal dolomítica, son útiles en las pilas de abono. La cal viva o la cal apagada están hechas de piedra caliza calentada y sufren una violenta reacción química cuando se mezclan con agua. Pueden estar bien para hacer cemento, pero no para la mayoría de los fines agrícolas.

Harina de lino. Ver Harina de algodón.

Estiércol. El estiércol fresco puede ser la adición más útil a la pila de abono. Lo que lo hace especial es la presencia de grandes cantidades de enzimas digestivas activas. Estas enzimas parecen contribuir a un calentamiento más rápido y dan como resultado un abono de textura más fina y más completamente descompuesto que provoca una mayor respuesta de crecimiento en las plantas. El estiércol del ganado y de otros rumiantes con múltiples estómagos también contiene bacterias que descomponen la celulosa. Los animales del suelo suministran enzimas digestivas similares al trabajar sobre la hojarasca en el suelo del bosque, pero antes de que los insectos y otros animales diminutos puedan comer mucho de un montón de abono, las pilas bien hechas se calentarán, expulsando o matando todo excepto los microorganismos y los hongos.

Todo lo anterior puede ser de interés para el habitante del campo o el cultivador de alimentos de patio, pero probablemente suena muy poco práctico para la mayoría de los lectores de este libro. No se desesperen si no hay estiércol fresco disponible o si su uso no es atractivo. El compost hecho con estiércol fresco sin calentar funciona sólo un poco más rápido y produce un producto ligeramente mejor que el compost activado con harinas de semillas, concentrados de matadero, alfalfa molida, recortes de hierba, basura de cocina, o incluso estiércol seco y ensacado. ¡El compost hecho sin ningún tipo de estiércol también "hace"!

Cuando evalúe el estiércol, tenga en cuenta las muchas dificultades. El estiércol fresco es muy valioso, pero si se obtiene algo que ha sido amontonado y se le ha permitido calentarse, gran parte de su nitrógeno puede haberse disipado ya como amoníaco mientras que las valiosas enzimas digestivas habrán sido destruidas por las altas temperaturas del núcleo del montón. Una degradación similar ocurre con las enzimas digestivas cuando el estiércol se seca y se ensaca. Por lo general, el estiércol seco proviene de los corrales de engorde donde también ha sido primero apilado húmedo y ha pasado por un violento proceso de calentamiento. Así que, si yo fuera a usar estiércol seco en saco para bajar el C/N de una pila de abono, lo evaluaría estrictamente en su costo por libra de nitrógeno real. En algunos casos, las harinas de semillas podrían ser más baratas y capaces de reducir la relación carbono/nitrógeno del montón incluso más que el estiércol.

Hay muchos tipos de estiércol y varias muestras del mismo tipo de estiércol pueden no ser iguales. Esto demuestra el principio de que lo que entra sale. Las plantas concentran proteínas y nutrientes minerales en sus semillas, de modo que los animales alimentados con semillas (como los pollos) excretan estiércol con un contenido casi tan alto en minerales y con una relación C/N como las comidas de semillas (alrededor de 8:1). El heno de alfalfa es una legumbre con una relación costo/beneficio de alrededor de 12:1. Los conejos alimentados casi exclusivamente con pellets de alfalfa producen un rico estiércol con un C/N similar. El pasto de primavera y el heno de alta calidad y otras verduras de hoja tienen un C/N casi tan bueno como la alfalfa. El ganado alimentado con el mejor heno complementado con grano y ensilado hace un estiércol bastante rico. Es una lástima que el desafortunado ganado que trata de sobrevivir como "quemadores de paja" comiendo heno de hierba demasiado maduro de campos agotados. Su estiércol será tan pobre como la comida y el suelo en el que intentan vivir.

Cuando evalúes el estiércol, considera también la naturaleza y la cantidad de cama mezclada con él. Nuestros establos de hospedaje locales mantienen a sus caballos perezosos en aserrín de abeto. Los caballos ociosos "de montar" suelen ser alimentados con heno de hierba local muy pajizo, con un suplemento de alfalfa y grano suficiente para mantener una condición saludable mínima. El "estiércol de caballo" que he sacado de estos establos parece más aserrín que estiércol. Debe tener un C/N de 50 o 60:1 porque por sí solo apenas se calienta.

El estiércol mezclado con paja suele ser más rico. A menudo este tipo viene de las lecherías. Las razas modernas de vacas lecheras deben ser alimentadas con semillas y otros concentrados para mantenerlas temporalmente contra el agotamiento de la producción de leche antinaturalmente alta.

Después del conejo y el pollo, el estiércol de caballo de animales bien alimentados como los caballos de carreras o los verdaderos animales de trabajo puede ser lo siguiente. Ciertamente está ahí arriba con el mejor estiércol de vaca. Antes de la era de los fertilizantes químicos, los horticultores de las afueras de las grandes ciudades llevaban carros cargados de productos al mercado y regresaban con un peso equivalente de "barrido de calles". Lo que más apreciaban se llamaba "estiércol corto", o estiércol de caballo sin cama. El estiércol y las mezclas de cama se denominaban "estiércol largo" y no se consideraban tan valiosos.

Finalmente, recuerden que más de la mitad de la excreción de los animales es orina. Y se le da muy poco valor a la orina. Ya en 1900 se sabía que si se alimentaba con una tonelada (peso seco) de heno y se medía el estiércol resultante después de un secado completo, sólo quedaban 400 kilos. ¿Qué pasó con las otros 600 kilos de material seco? Algunos, por supuesto, fueron a cultivar el animal. Algunos fueron "quemados" enzimáticamente como combustible energético y sus desechos se emitieron como CO_2 y H_2O. La mayor parte fue excretada en forma líquida. Después de todo, lo que es la digestión no es más que una conversión enzimática de material seco en una solución de agua para que pueda circular por el torrente sanguíneo para ser utilizado y desechado según sea necesario. La orina también contiene numerosas sustancias orgánicas complejas y productos de descomposición celular que mejoran la salud de la ecología del suelo.

Sin embargo, la orina no es fácil de capturar. Tiende a filtrarse en el suelo o a escurrirse cuando debería ser absorbida por la cama. El estiércol de las gallinas y los excrementos de otras aves son particularmente valiosos a este respecto porque los líquidos y sólidos de sus desechos se mezclan uniformemente de manera que no se pierde nada. Cuando Howard desarrolló su sistema para hacer un abono de calidad superior en Indore, tomó una medida completa del valor de la orina y prestó gran atención a su captura y uso.

El **papel** es casi celulosa pura y tiene un C/N muy alto como la paja o el aserrín. Puede considerarse una valiosa fuente de volumen para el compostaje si se utiliza como mantillo. Visto de otra manera, el compostaje puede ser una forma práctica de reciclar el papel en casa.

La clave para el compostaje de papel es triturarlo o molerlo. Las capas de papel se comprimirán en alfombras sin aire. Las trituradoras de martillos motorizados harán que el papel seco funcione poco tiempo. Una vez roto en pequeños trozos y mezclado con otros materiales, el papel no está más sujeto a la compactación que los recortes de hierba. Incluso sin equipos de trituración motorizados, el papel de periódico puede ser triturado a mano, fácilmente rasgado en tiras estrechas rasgando secciones enteras a lo largo del grano del papel, sin luchar contra él.

EVALUANDO EL CONTENIDO DE NITRÓGENO

Una bolsa de un pie cúbico de estiércol seco de novillo pesa 25 libras y está etiquetada con un 1 por ciento de nitrógeno. Eso significa que cuatro sacos pesan 100 libras y contienen 1 libra de nitrógeno real.

Una bolsa de 50 libras de harina de algodón contiene un 6% de nitrógeno. Dos sacos pesan 100 libras y contienen 6 libras de nitrógeno real.

Por lo tanto, se necesitan 24 sacos de estiércol de buey para igualar el nitrógeno contenido en dos sacos de harina de algodón.

Si el estiércol de buey cuesta 1,50 euros por saco, seis libras de nitrógeno real de estiércol de buey cuesta 24 x 1,50 euros = 36 euros.

Si 50 euros de harina de semilla de algodón cuestan 7,50 euros, entonces 6 libras de nitrógeno real de la harina de semilla de algodón cuestan 2 x 7,50 euros = 15 euros.

Ahora, tomemos un breve momento para ver por qué los agricultores industriales que sólo piensan en el beneficio financiero inmediato, utilizan fertilizantes químicos. La urea, una forma sintética de orina usada como fertilizante de nitrógeno contiene un 48 por ciento de nitrógeno. Así que 100 libras de urea contienen 48 libras de nitrógeno. ¡Esa cantidad de urea también cuesta unos 15 euros!

Sin tener en cuenta su valor en términos de fósforo, potasio y otros contenidos minerales, el nitrógeno de la harina de semillas cuesta al menos ocho veces más por libra que el nitrógeno de la urea.

Los periódicos, incluso con tintas de color, pueden ser usados con seguridad en pilas de abono. Aunque algunas tintas de color contienen metales pesados, no se usan en el papel de prensa.

Sin embargo, antes de comenzar a incorporar el papel de periódico en su compostaje, reconsidere los análisis de los diversos tipos de compost desglosados en una tabla en el capítulo anterior. La razón principal por la que muchos programas municipales de compostaje hacen un producto de baja calidad con un C/N tan alto es la gran proporción de papel utilizado. Si su abono está destinado a ser usado como mantillo alrededor de lechos perennes o para ser tamizado y difundido sobre el césped, entonces tener un producto pobre en nitrógeno es de poca importancia. Pero si su abono se dirige a la huerta o se utilizará para cultivar las flores más grandes y preciadas, entonces tal vez el papel de periódico podría ser reciclado de otra manera.

El cartón, especialmente el material corrugado, es superior al papel de periódico para la fabricación de abono porque sus colas biodegradables contienen cantidades significativas de nitrógeno. A los gusanos les encanta consumir mantillo de cartón. Al igual que otras formas de papel, el cartón debe ser triturado, molido o picado lo más finamente posible, y mezclado a fondo con otros materiales cuando se compostan.

Los **desechos de animales** pueden contener organismos patógenos que infectan a los humanos. Aunque los sistemas municipales de compostaje pueden eliminar con seguridad esas enfermedades, el compostaje doméstico de estiércol de perros y gatos puede ser arriesgado si el abono se destina a la jardinería alimentaria.

Roca de fosfato. Si la tierra de su jardín es deficiente en fósforo, la adición de roca fosfórica a la pila de abono puede acelerar su disponibilidad en el jardín, mucho más eficazmente que la adición de fosfato a la tierra. Si la vegetación de su vecindario proviene de suelos igualmente deficientes en fósforo, la adición de roca fosfórica apoyará una ecología de descomposición más saludable y mejorará la calidad de su abono. De cinco a diez libras de roca fosfórica añadida a un metro cúbico de materia orgánica sin descomponer es la cantidad adecuada.

Cascos de arroz: Ver cascos de alforfón.

Polvo de roca. Todos los nutrientes de las plantas, excepto el nitrógeno, provienen originalmente de la roca en descomposición. No todas las rocas contienen concentraciones y surtidos iguales de los elementos que las plantas usan para los nutrientes. En consecuencia, no todos los suelos cultivan plantas saludables. Una forma muy natural de mejorar la fertilidad general del suelo es esparcir y cultivar en rocas finamente molidas harina hecha de rocas altamente mineralizadas.

Este método no es una idea nueva. La piedra caliza y la dolomita, rocas blandas y fáciles de pulverizar, se han utilizado durante siglos para añadir calcio y magnesio. Durante más de un siglo, el fosfato de roca y la kainita - una roca suave, fácilmente soluble y natural rica en potasio, magnesio y azufre - han sido molidos y utilizados como fertilizante. Otras fuentes de rocas naturales como la arena verde de Jersey se han utilizado durante mucho tiempo en el este de los Estados Unidos en algunos suelos inusuales con deficiencia de potasio.

Últimamente se ha puesto de moda remineralizar la tierra con aplicaciones pesadas de harinas de roca. A diferencia de la mayoría de las modas y tendencias, ésta es sabia y debe perdurar. Las mejores rocas para usar son las rocas ígneas "básicas" finamente molidas como los basaltos. Se llaman básicas en contraposición a las rocas "ácidas" porque son más ricas en calcio y magnesio con menores cantidades de potasio. Cuando el suelo se forma a partir de estos materiales tiende a no ser ácido. La mayoría de las rocas ígneas básicas también contienen una amplia gama de nutrientes minerales traza. He observado notables mejoras en el crecimiento de las plantas mediante la incorporación de polvo de basalto ordinario que yo personalmente paleo desde abajo de un rodillo de cinta transportadora en una cantera local donde se estaba preparando la roca triturada para la construcción de una carretera. El polvo de basalto era un subproducto no intencionado.

Aunque el polvo de roca altamente mineralizado puede ser una enmienda valiosa para el suelo, su valor debe ser igual a su costo. Las tasas de aplicación de una o dos toneladas por acre son mínimas. John Hamaker's -The Survival of Civilization- sugiere de ocho a diez toneladas por acre la primera aplicación y luego una o dos toneladas cada pocos años a partir de entonces. Esto significa que el precio correcto del polvo de roca es similar al precio de la cal agrícola; en mi región eso es de unos 60 a 80 euros por tonelada en sacos. Los agricultores locales pagan unos 40 euros la tonelada a granel, incluyendo la aplicación en su campo por parte del vendedor. Un saco de 50 libras de polvo de roca debería venderse al por menor por unos 2 euros. Hoy en día probablemente cuesta varias veces ese precio, lo que tiende a mantener el polvo de roca como un artículo novedoso.

 La actividad de los hongos y las bacterias son las fuerzas más potentes que hacen que los nutrientes estén disponibles para las plantas. Por muy útil que sea la labor de labrar el polvo de roca en el suelo, la intensa actividad biológica de la pila de abono acelera su disponibilidad. Y la presencia de estos minerales bien podría hacer que una pila de abono que contenga vegetación con deficiencia de nutrientes trabaje más rápido y se convierta en un mejor fertilizante. Si los tipos adecuados de polvo de roca estuvieran disponibles y fueran baratos, lo haría alrededor del 5 por ciento en volumen de mi montón, e igualaría eso con un suelo rico.

Harina de semillas de azafrán. Ver Comida de semillas de algodón.

El **aserrín** no contiene prácticamente nada más que carbono. En pequeñas cantidades es útil para esponjar las pilas de abono y evitar la compactación. Sin embargo, esto sólo es cierto para material grueso como el de los aserraderos o las sierras de cadena. El polvo de sierra fino de la carpintería y los trabajos de ebanistería puede compactarse y quedarse sin aire. Véase el _Papel _ para una discusión sobre la reducción del valor fertilizante del compost con materiales de alto C/N.

Las **algas** cuando están recién recogidas son un material extraordinario para la pila de abono. Como la mayoría de los seres vivos de los océanos, las algas marinas son ricas en todos los oligoelementos y contienen cantidades significativas de los principales nutrientes, especialmente potasio, con menores cantidades de fósforo y nitrógeno. Las algas marinas enriquecen el montón, se descomponen muy rápidamente y ayudan a que otros materiales se descompongan. Aunque son pesadas y a menudo difíciles de recoger y transportar, si están disponibles, no se debe permitir que las algas marinas se desperdicien.

Aquellos con dinero ilimitado pueden usar rociadas de harina de algas en la pila de abono para obtener un efecto similar. Sin embargo, la harina de algas puede utilizarse de manera más económica como parte de una mezcla completa de fertilizante orgánico que se trabaja en el suelo.

Las **podas de arbustos y árboles** son materiales difíciles de compostar a menos que se tenga una trituradora/trituradora. Incluso después de ser incorporados en un montón de abono caliente tras otro, las ramitas de media pulgada de diámetro pueden tardar varios años en descomponerse completamente. Y voltear un montón que contiene ramas largas puede ser muy difícil. Pero comprar un equipo de poder para moler unas pocas cargas de carro de poda de setos y árboles cada año puede no ser económico. Mi sugerencia es atar cuidadosamente cualquier palo más grande que el dedo meñique en fardos apretados de aproximadamente 30 centímetros de diámetro y unos 40 centímetros de largo y luego quemar estos "fardos" en la chimenea o estufa de leña. Esto será menos trabajo a largo plazo.

El suelo es una parte a menudo pasada por alto, pero de importancia crítica de la pila de abono. El suelo contiene infinidades de microorganismos que ayudan a iniciar la descomposición. Muchos materiales que se pueden convertir en abono vienen con trozos de tierra ya adheridos y pocos son estériles en sí mismos. Pero el suelo adicional asegura que inicialmente habrá un número y variedad suficiente de estos valiosos organismos. El suelo también contiene minerales insolubles que se hacen solubles por la actividad biológica. Algunos de estos minerales pueden escasear en la propia materia orgánica y su adición puede mejorar la salud y el vigor de toda la ecología de la descomposición. Una generosa adición de polvo de roca puede hacer esto aún mejor.

Lo más importante es que el suelo contiene microorganismos de nitrificación que convierten fácilmente el gas amoníaco en nitratos, y arcilla que atrapará y retendrá temporalmente el amoníaco. Las bacterias nitrificantes no viven fuera del suelo. Finalmente, una capa de varias pulgadas de espesor de suelo que cubre el montón sirve como aislante adicional, manteniendo el calor, elevando la temperatura central y ayudando a sellar la humedad. Hacer un montón de composta de hasta un 10 por ciento de tierra por peso seco es el objetivo correcto.

Intenta pensar en el suelo como los moderadores de un reactor atómico, controlando la reacción mediante la captura de neutrones. El suelo no cambiará la C/N de un montón, pero al no estar sujeto a una descomposición significativa, reducirá ligeramente la temperatura máxima de descomposición; mientras que atrapará las emisiones de amoníaco; y creará mejores condiciones para que las bacterias fijadoras de nitrógeno mejoren la C/N a medida que el montón se enfríe y madure.

Harina de soja. Ver Comida de semillas de algodón.

La **paja** es un material carbonífero similar al aserrín pero que normalmente contiene más nutrientes. Es un valioso aireador, cada tallo actúa como un tubo para que el aire entre y se mueva a través de la pila. Grandes cantidades de paja larga pueden hacer muy difícil girar un montón la primera vez. Prefiero que el estiércol se mezcle con la paja que con el aserrín.

Harina de girasol. Ver Comida de semillas de algodón.

El **depósito de matadero o planta de reciclaje** de desechos que consiste en todos los desechos animales excepto sangre y grasa. Localmente se llama harina de carne. Ver Harina de pezuña y cuerno.

Desechos de una fábrica de tofu. Okara es la pulpa que queda después de exprimir la leche de soja de los granos de soja cocidos y molidos. Los pequeños fabricantes de tofu tendrán muchos galones de okara para desechar cada día. Hace buena comida para cerdos, así que puede haber competencia para obtenerla. Como cualquier otro desecho de semillas, el okara tiene alto contenido de nitrógeno y será húmedo y fácilmente pudible como los desechos de una cervecería. Mézclelo en pilas de abono inmediatamente.

Urina. Ver Estiércol.

Hierbas. Su contenido de nutrientes es muy variable dependiendo de la especie y la edad de la planta. Las malezas que se van a sembrar son bajas en nitrógeno y requieren ser ubicadas en el centro de un montón caliente para matar las semillas. Las tiernas y jóvenes malezas son tan ricas en nitrógeno como la hierba de primavera.

Las malas hierbas que se propagan a través de los tallos subterráneos o rizomas como la hierba cuajada, la hierba johnson, la agridulce y similares se queman mejor.

La **ceniza de las maderas duras** es rica en potasio y contiene cantidades significativas de calcio y otros minerales. La ceniza de las coníferas puede ser igualmente rica en potasio pero contiene poco más. Las cenizas de madera esparcidas en el suelo tienden a perder sus nutrientes rápidamente por lixiviación. Si estos nutrientes son necesarios en el suelo, entonces agregue la ceniza a las pilas de abono donde se convertirá en una parte inalcanzable de la biomasa que se liberará gradualmente en el jardín cuando se utilice el abono.

Las **astillas de madera** se descomponen lentamente, aunque pueden ser añadidas a la pila de abono si no se tiene prisa. Sus trozos y propiedades mecánicas rígidas ayudan a airear un montón. Son algo más ricos en nutrientes que el aserrín.

Los residuos de **lana** también se llaman de mala calidad. Ver Pelo.

MÉTODOS Y VARIACIONES

El cultivo de la mayoría de los alimentos de mi familia absorbe toda la energía que me importa poner en la jardinería. Así que mi jardín está limpio pero peludo. Motivado por lo que considero una racionalidad total, mi césped se corta sólo cuando amenaza con abrumar al cortacésped, y el césped no se riega, por lo que se oscurece y deja de crecer en verano.

No cultivo flores porque vivo en un río en un hermoso entorno rural rodeado de montañas bajas. Nada de lo que he creado podría empezar a competir con lo que la naturaleza ofrece libremente a mis ojos. Un desordenado lecho de ornamentos junto a la puerta de entrada son mi reverencia a lo convencional, pero estos encajan en el aspecto de las entradas del noreste por ser nativos de los bosques de Oregón como helechos, salal, uva de Oregón y un rododendro casi salvaje... todas estas especies prosperan sin irrigación.

Cuando doy conferencias, me enfrento a las sorprendentes variaciones de jardinería de las que son capaces los humanos. Los lechos de vegetales elevados de algunas personas son montículos bajos y toscos. Luego, me muestran fotografías de camas elevadas de paredes verticales cuadradas y paralelas, envueltas uniformemente en tablones de cedro. Algunos jardines están plantados en hileras bastante rectas, otros están dispuestos en sucesiones hexagonales interplantadas cuidadosamente calculadas y algunos son una dispersión salvaje de "catch as catch can". Algunas personas no comen muchos tipos de vegetales, pero cultivan grandes cantidades de maíz y frijoles para enlatar o congelar.

Otros cultivan pequeñas parcelas de una gran cantidad de especies, creando un puesto de productos gourmet durante todo el año para su disfrute personal. Algunos jardineros cultivan exhibiciones florales al estilo inglés ocupando cada centímetro cuadrado de sus patios y ofreciendo una sucesión constante de color y textura.

Este capítulo presenta algunas de las diferentes maneras en que la gente maneja la eliminación de los desechos del patio y la cocina. La fabricación de abono, como la jardinería, refleja las variaciones de temperamento. Probablemente no te sorprendió mi jardinería casual porque ya leíste sobre mi montón de abono desarreglado. Así que tampoco me sorprende descubrir métodos de compostaje de patio trasero tan limpios como un pueblo alemán, tan estéticos como un jardín japonés, tan científicos como los que diseñaría un ingeniero y tan feos como...

CONTENEDORES Y OTROS MÉTODOS SIMILARES

En mis días de indiscreciones juveniles pensé que podría mejorar la vida en la Tierra civilizando a los jóvenes de la escuela secundaria mediante el fomento de la comprensión de la historia. Confieso que fallé casi completamente y dejé de enseñar después de unos años. Sin embargo, personalmente aprendí mucho sobre la historia y la forma de contarla. Leí muchos diarios antiguos, diarios y relatos de viajes. De algunos de estos documentos gané poco mientras que otros relatos me presentaron a individuos únicos que me ayudaron a comprender su época.

Parece que lo que diferencia a los reportajes buenos de los malos es la franqueza y la honestidad del reportero en cuanto a sus opiniones, prejuicios y perspectivas personales. Cuanto más abierto y directo sea el reportero, mejor podrá el lector descartar las inevitables distorsiones y hacerse una idea de lo que realmente podría haber estado allí. Cuanto más intente el reportero ser "objetivo" ocultando sus puntos de vista, menos valiosa será su información.

Por eso, antes de hablar de esas ayudas manufacturadas al compostaje que pueden convertirlo en un consumidor, quiero informarle que soy una persona frugal que evita los gastos innecesarios. Mantengo lo que me parece una justificación perfecta para mi tacañería: Prefiero el desempleo relativo. Siempre que quiero comprar algo, me he acostumbrado a preguntarme si el objeto deseado podría darme tanto placer como saber que no tengo que levantarme e ir a trabajar a la mañana siguiente. Normalmente decido ahorrar el dinero para no tener que ganar más. En extremo, repito el viejo canto de marcha yanqui como un mantra: ¡Arréglatelas! ¡Desgaste! ¡Cuando ya no esté, prescindir de él! ¡Bum, Bum! ¡Bum bi Dum! Bum bi di Dum, Bum bi Dum!

Así que no tengo una trituradora/trituradora cuando la paciencia tomará su lugar. No compro o hago contenedores de compostaje cuando el estilo de vida en el campo y el no cumplir con los estándares de limpieza de otros hace innecesarios los contenedores o vasos. Sin embargo, acepto a regañadientes que los demás vivan de forma diferente. Déjenme advertirles que mis descripciones de ayudas y accesorios para el compostaje son probablemente un poco ictéricas. Hago lo que puedo para ser justo.

El atractivo visual es el principal beneficio de hacer abono en un recipiente. Para un ordenado sentido del orden del norte de Europa, cualquier estructura de compostaje será mucho más limpia que la cruda belleza de un montón desnudo. Los diseños de contenedores de compostaje pueden ofrecer ventajas adicionales, pero ninguna estructura única hará todo lo posible. Con un recinto, puede ser posible calentar una pila más pequeña de 1' x 4' x 4' porque las paredes y a veces la parte superior del contenedor puede ser aislante. Esta es una gran ventaja para alguien con un patio trasero de estampillas que atesora cada metro cuadrado. De manera similar, envolver el montón retarda la pérdida de humedad. Algunas estructuras evitan las alimañas.

Por otro lado, las estructuras pueden hacer más difícil la fabricación de abono. El uso de un contenedor prefabricado puede evitar que una persona gire fácilmente el montón y casi puede obligar a una persona a comprar también algún tipo de trituradora/trituradora para reducir primero el tamaño del material. Además, visto como un activo económico depreciable con una vida útil limitada, muchas ayudas para el compostaje cuestan tanto o más dinero que el valor de todo el material que pueden producir. El coste financiero se relaciona con el coste ecológico, por lo que gastar dinero en plástico de corta duración o en metal fácilmente oxidable puede anular cualquier beneficio ambiental obtenido del reciclaje de los residuos de jardín.

CONSTRUYENDO TU PROPIO CONTENEDOR

Probablemente el mejor diseño de compostaje casero es el sistema de recipientes múltiples donde los compartimentos separados facilitan la continua descomposición. Cada recipiente tiene unos cuatro pies de lado y de tres a cuatro pies de altura. Por lo general, las paredes divisorias entre los recipientes son compartidas. Siempre, cada recipiente se abre completamente por delante. Creo que el mejor diseño tiene separadores de listones removibles entre una serie de cuatro (no tres) contenedores de madera en tres tamaños decrecientes: dos grandes, uno mediano-grande y uno más pequeño. Alternativamente, los contenedores pueden ser construidos con bloques de hormigón sin mortero con frentes de madera removibles. Los cubos construidos permanentemente de bloques de hormigón mortero o de madera pueden tener tapas con bisagras que retengan la humedad y protejan de la lluvia.

Hay dos sistemas de compostaje utilizables que se ajustan a estas estructuras. La mayoría de los compostadores obtienen los materiales demasiado gradualmente para hacer un gran montón de una vez. En este caso, mi sugerencia es el sistema de cuatro contenedores, usando un gran contenedor como área de almacenamiento para la vegetación seca. Comienza el compostaje en el cubo dos mezclando el contenido seco almacenado temporalmente en el cubo uno con la basura de la cocina, recortes de hierba, etc. Una vez que el cajón dos esté lleno y calentado, quite sus listones frontales y los listones laterales que lo separan del cajón tres y convierta la pila en el cajón tres, reinsertando gradualmente los listones laterales a medida que se llena el cajón tres. El cubo tres, que es aproximadamente dos tercios del tamaño del cubo dos, se llenará hasta el borde. Se puede formar una nueva pila en el cubo dos mientras el cubo tres se está cocinando.

Cuando el cubo tres se haya asentado significativamente, repita el proceso, convirtiendo el cubo tres en cuatro, etc. Para cuando el material se haya recalentado en el recipiente cuatro y se haya enfriado, habrá terminado o casi terminado el abono. En cualquier momento durante esta vuelta se descubre ese material resistente y no podrido, en lugar de pasarlo, puede ser devuelto a un recipiente anterior para pasar por otra etapa de descomposición. Tal vez el diseño más inteligente de este tipo aprovecha cualquier pendiente o colina importante de que disponga un jardinero perezoso y coloca una serie de contenedores separados uno encima del otro, eliminando cualquier necesidad de listones laterales desmontables y haciendo que el lanzamiento del abono al siguiente contenedor sea relativamente fácil.

Una alternativa de construcción sencilla evita hacer listones desmontables entre los recipientes o levantar el material sobre las paredes para arrojarlo de un recipiente a otro. Aquí, cada recipiente se trata como un proceso de compostaje separado y discreto. Cuando llega el momento de girar el montón, se retira la parte delantera y el montón se vuelve a colocar en su contenedor original. Para lograr esto puede ser necesario primero palear alrededor de la mitad del material fuera del recipiente en un área de trabajo, luego se gira lo que queda en el recipiente y luego se cubre con lo que se sacó con la pala. Gradualmente el material del contenedor se encoge y se descompone. Cuando termine, el abono llenará sólo una pequeña fracción del volumen del recipiente.

Mis inteligentes estudiantes de la clase de Granja Urbana de la Universidad de Oregón han hecho una estructura muy barata de este tipo de contenedor de abono usando paletas de madera industrial reciclada. Se mantienen erguidas clavándolas a postes de cercas tratadas a presión y hundidas en la tierra. Las puertas desmontables también son paletas, enganchadas con alambre de sujeción. Las paletas endebles se pudren en un par de años, pero obtener más paletas libres es fácil. Si estuviera construyendo una serie de tres o cuatro contenedores más terminados, usaría madera resistente a la putrefacción como el cedro y/o pintaría a fondo la madera con un conservante de madera no fitotóxico como el Cuprinol (naftanato de cobre). El Cuprinol no es tan permanente como otros tipos de conservantes de madera y puede tener que ser reaplicado cada dos o tres años.

Los cubos reducen la pérdida de humedad y los cubos de madera tienen la ventaja adicional de ser bastante buenos aislantes térmicos: una pulgada de madera es tan aislante como un pie de hormigón sólido. Los contenedores de compostaje también tienen una potencial desventaja: reducen el flujo de aire, retardan la descomposición y posiblemente hacen que el proceso se vuelva anaeróbico. Si esto ocurre, el flujo de aire puede mejorarse apoyando el montón en un suelo de listones de 2 x 4 pulgadas tratado con Cuprinol y clavado en la pared trasera. Los conductos de aire, hechos a bajo costo de plástico perforado sistema séptico línea de lixiviación, se colocan entre las tablillas para mejorar en gran medida el flujo de aire. Yo no construiría inicialmente un conjunto de contenedores con suelos de conductos, estos pueden ser añadidos como una idea de último momento si es necesario.

Se pueden construir contenedores mucho más simples con malla de 2" x 4" x 36" o 48" de alto, con cercas de alambre soldado comúnmente llamadas "alambre de pavo" o "alambre de cerdo". El cercado se forma en cilindros de cuatro a cinco pies de diámetro. Creo que un jardinero serio podría necesitar un círculo de cinco pies y dos de cuatro pies de diámetro. El alambre de pavo es lo suficientemente rígido para sostenerse cuando se forma un círculo enganchando la valla sobre sí mismo. Este sistema de contenedores de alambre enrollado en casa es el menos costoso de todos.

A medida que se dispone de materiales compostables, el círculo de alambre se va llenando gradualmente. Una vez que el recipiente se ha cargado y se ha asentado un poco, el alambre puede desengancharse y despegarse; el material se mantendrá en forma cilíndrica sin más apoyo. Al cabo de uno o dos meses el montón se habrá asentado significativamente y estará listo para ser convertido en un cilindro de alambre más pequeño. Una vez más, se deja que el material se asiente y luego, si se desea, se puede retirar el alambre para utilizarlo de nuevo para formar otro montón de forma ordenada.

Los montones de alambre cerrados fomentan la circulación del aire, pero también pueden favorecer la desecación. Su ubicación adecuada es a plena sombra. En climas cálidos y secos, la retención de la humedad puede mejorarse envolviendo una longitud de lámina plástica alrededor del exterior del círculo y, si es necesario, cubriendo la parte superior con otra lámina plástica. Sin embargo, al hacer esto se limita el flujo de aire y se impide la retirada del soporte de alambre. Es posible que tenga que experimentar con cuánta retención de humedad puede soportar el montón sin volverse anaeróbico. Para calcular la longitud de alambre (circunferencia) necesaria para encerrar cualquier diámetro deseado, use la fórmula Circunferencia = Diámetro x 3,14. Por ejemplo, para hacer un círculo de cinco pies: 5 x 3,14 = aproximadamente 16 pies de alambre.

Con la excepción del "tumbler", los contenedores de abono comercialmente fabricados se derivan de uno de estos dos sistemas. Por lo general, los recipientes de alambre hechos en fábrica se forman en rectángulos en lugar de círculos y pueden estar hechos de acero recubierto de PVC en lugar de alambre galvanizado. No veo ninguna ventaja en la compra de un recipiente de alambre sobre la fabricación de uno, aparte de apoyar las etapas innecesarias de fabricación y distribución gastando más dinero. Las cercas de alambre de pavo son relativamente baratas y fáciles de encontrar en las tiendas de suministros agrícolas y de cercas. La última vez que compré algo se vendió por el pie lineal, como las telas de ferretería se dispensan en las ferreterías y en las tiendas de suministros para la construcción.

Los contenedores de lados sólidos son generalmente construidos con láminas de acero o plástico reciclado. En climas fríos hay una ventaja de las paredes de plástico bien construidas que retienen el calor y facilitan la descomposición de las masas térmicas más pequeñas. La construcción precisa también previene el acceso de grandes bichos y mascotas. Los ratones, por otro lado, son capaces de apretar a través de aberturas sorprendentemente pequeñas. Los materiales de promoción hacen que el compostaje en los recipientes pre-fabricados parezca fácil, auto-ecológico y sin esfuerzo. Sin embargo, hay inconvenientes.

No es posible convertir fácilmente los materiales una vez que han sido colocados en la mayoría de los compostadores de este tipo a menos que todo el frente sea removible. En su lugar, los nuevos materiales se colocan continuamente en la parte superior mientras que una abertura en la parte inferior permite al jardinero raspar el abono terminado en pequeñas cantidades. Debido a que no hay que dar vuelta, este método se llama compostaje "pasivo". Pero para que funcione bien, los ingredientes no deben ser demasiado gruesos y deben mezclarse bien antes de cargarlos.

Los compostadores de cubo continuo generalmente trabajan lo suficientemente rápido cuando procesan mezclas de materiales fácilmente descomponibles como basura de cocina, hierbas, recortes de hierba y algunas hojas. Pero si la carga contiene demasiada hierba fina u otras cosas pegajosas y se vuelve anaeróbica, se debe usar un aireador de compost especial para aflojarla.

Los compostadores pasivos fabricados no son muy grandes. La compactación puede ser una ventaja para las personas con patios muy pequeños o que quieran hacer abono en su terraza o porche. Pero si el C/N de los materiales no es favorable, la descomposición puede llevar mucho, mucho tiempo y puede ser necesario usar varios recipientes en tándem. A menos que primero sean molidos o cortados muy finamente, los materiales más grandes y resistentes como el maíz, las coles de Bruselas, los tallos de girasol, los tocones de col, las podas de arbustos, etc., "estrellarán" un compostador de carga superior y descarga inferior.

El volteador de abono es un método inteligente que acelera la descomposición mejorando la aireación y facilitando el giro frecuente. Un tambor giratorio que tiene de ocho a dieciocho fanegas (los tamaños más grandes se parecen a un tambor de aceite sobredimensionado y gordo) se suspende sobre el suelo, cargado por arriba con materia orgánica, y luego se hace girar cada pocos días durante algunas semanas hasta que los materiales se hayan descompuesto. Entonces se abre la puerta y el abono terminado cae por el fondo.

Los tambores tienen verdaderas ventajas. El giro frecuente aumenta enormemente el suministro de aire y acelera el proceso. La mayoría de los tambores retrasan la pérdida de humedad también porque están hechos de material sólido, ya sea de plástico pesado o acero con pequeños respiraderos de aire. Estar suspendidos sobre el suelo los hace inmunes a las alimañas y el giro frecuente hace imposible que las moscas se reproduzcan.

Los tambores tienen desventajas que pueden no ser aparentes hasta que una persona los usa por un tiempo. Primero, aunque muy acelerado, el compostaje en ellos no es instantáneo. Los recipientes pasivos son procesadores continuos mientras que (con la excepción de un diseño único) los tambores son procesadores "por lotes", lo que significa que primero se cargan y luego toda la carga se descompone en abono terminado. ¿Qué hace una persona con la basura de cocina recién adquirida y otros residuos durante las dos a seis semanas que están haciendo un lote? Una solución práctica es comprar dos tambores y llenar uno mientras el otro funciona, pero los tambores no son baratos. Las más sustanciales cuestan entre 250 y 400 euros, más el flete.

Hay otras desventajas menos obvias de las secadoras que pueden anular el trabajo que se evita, el tiempo que se ahorra o el sudoroso giro con un tenedor para estiércol eliminado. Estar arriba significa levantar materiales de abono y dejarlos caer en una pequeña abertura que puede estar a la altura de los hombros o más. Estos materiales pueden incluir un cubo descuidado de basura de cocina. Luego, un vaso debe ser volteado durante unos minutos cada dos o tres días. Hacer girar la palanca o gruñir con el barril puede parecer divertido al principio, pero puede envejecer rápidamente. La descomposición en un vaso sin voltear se reduce a un arrastre.

Tanto el contenedor pasivo de abono como el vaso de abono altamente activo funcionan mucho mejor cuando se cargan con partículas de pequeño tamaño. La compra de cualquiera de ellos tiende a impulsar al jardinero a comprar también algo para cortar y/o moler los materiales del abono.

EL MÉTODO DE LA U.C. - TRITURADORA/TRITURADORA

Durante la década de 1950, el interés principal en el compostaje municipal se desarrolló en América por primera vez. Ya existían varios procesos industriales en Europa; la mayoría de ellos eran variaciones patentadas de grandes y costosas tinas de compostaje. Investigadores de la Universidad de California se propusieron ver si se podían desarrollar métodos más sencillos para manejar los desechos orgánicos urbanos sin tener que invertir en tanta maquinaria pesada. Su mejor sistema, llamado el Método de Compostaje Rápido de la U.C., hizo rápidamente el abono en unas dos semanas.

Nunca se ha afirmado que el método de la U.C. produzca un abono de la más alta calidad. La idea era procesar y descomponer la materia orgánica tan inofensiva y rápidamente como fuera posible. No se intenta maximizar el C/N del producto como se hace en los métodos más lentos desarrollados por Howard en Indore. La mayoría del compostaje municipal que se hace hoy en día en este país sigue el proceso básico elaborado por la Universidad de California.

La velocidad de descomposición proviene de un calor interno muy alto y de condiciones aeróbicas extremas. Para alcanzar la temperatura más alta posible, todo el material orgánico que se va a compostar pasa primero por una trituradora y luego se apila en una larga y alta hilera. Generalmente la altura es de unos cinco o seis pies, cualquier altura causa demasiada compactación. Debido a que el material se apila con los lados tan verticales como sea posible, el ancho se cuida a sí mismo.

El giro frecuente con maquinaria mantiene el montón trabajando rápidamente. Durante los experimentos iniciales el giro se hizo con un tractor y un cargador frontal. Hoy en día, las máquinas gigantes en forma de "U" pueden rodar por las hileras en las parcelas municipales de compostaje, girando automáticamente, remodelando la hilera y, si es necesario, rociando agua simultáneamente.

Algunos residuos municipales consisten en basura de cocina húmeda y recortes de hierba. La mayor parte del resto es papel seco. Si esta mezcla resulta en un contenido de humedad demasiado alto, la pila se empapa, se hunde rápidamente y se vuelve fácilmente anaeróbica. El giro no sólo restaura las condiciones aeróbicas, sino que también tiende a reducir el contenido de humedad. Si el contenido de humedad inicial está entre el 60 y el 70 por ciento, la hilera se gira cada dos días. Cinco de estos giros, comenzando dos días después de que la hilera se forme por primera vez, termina el proceso. Si el contenido de humedad está entre el 10 y el 60 por ciento, la hilera se voltea primero después de tres días y luego a intervalos de tres días, tomando alrededor de cuatro vueltas para terminar el proceso. Si el contenido de humedad es inferior al 40 por ciento o desciende por debajo del 40 por ciento durante el proceso, se añade humedad.

No se puede desarrollar ninguna molestia si el volteo se hace correctamente. Simplemente volteando el montón o añadiendo nuevo material encima no lo hará. El material debe ser mezclado de manera que los exteriores se desplacen hacia el núcleo y el núcleo se convierta en la piel. De esta forma, cualquier larva de mosca, patógeno o huevo de insecto que no pueda ser matado por las temperaturas más frías del exterior, se rota en el letal calor del núcleo cada pocos días.

La velocidad del método U.C. también atrae al jardinero del patio trasero. En casa, la rotación frecuente se puede realizar ya sea en montones desnudos, o cambiando de un recipiente a otro y de vuelta, o con un vaso de abono. Pero una astilladora/trituradora también es esencial. Moler todo lo que entra en el montón tiene otras ventajas que un mayor calor y un procesamiento acelerado. Los materiales pueden mezclarse inicialmente al ser molidos y las partículas pequeñas son mucho más fáciles de voltear que las largas ramitas, la paja resistente y otros materiales fibrosos que atan el montón y dificultan la separación y el manejo con herramientas de mano.

Las trituradoras de jardín tienen otros usos, especialmente para los jardineros que no tienen tierra para desperdiciar. El compostaje de materiales resistentes como podas de uva, cañas de bayas y recortes de setos puede llevar mucho tiempo. Lentos montones que contienen materiales resistentes ocupan un espacio precioso. Con una trituradora se pueden compostar rápidamente pequeñas ramas, podas de árboles y otros materiales leñosos como el maíz y los tallos de girasol. Las hojas enteras de otoño tienden a compactarse en capas sin aire y se descomponen lentamente, pero las hojas secas están entre los materiales más fáciles de moler. Una vez aplastadas en escamas, las hojas se convierten en un material esponjoso que resiste la compactación.

Las astilladoras/trituradoras de jardín eléctricas son más fáciles para los oídos de los vecinos que las máquinas a gasolina más potentes, aunque no tan silenciosas como para hacer funcionar una sin protección para los oídos. Las eléctricas son lo suficientemente ligeras para que una persona fuerte las recoja y las lleve al área de compostaje y las mantenga aseguradas en un almacén. Una ventaja más, nunca hay ningún problema para encender un motor eléctrico. Pero tampoco hay forma de reparar uno convenientemente.

Hay dos sistemas básicos de trituración. Uno es el molino de martillos, una cámara de trituración que contiene un eje giratorio con púas de acero o martillos adjuntos que repetidamente golpea y desgarra los materiales en trozos cada vez más pequeños hasta que caen a través de una pantalla inferior. Los molinos de martillos sacuden casi cualquier cosa en pedazos sin aburrirse. Los materiales blandos y verdes se hacen trizas; los duros, secos y quebradizos se fracturan rápidamente en pequeños trozos. Cambiando el tamaño de la pantalla de descarga se ajusta el tamaño del producto final. Usando cribas muy gruesas, incluso los materiales blandos, húmedos y fibrosos pueden ser alimentados lentamente a través de la cámara de trituración sin enredarse irremediablemente en los martillos.

Como un cepillo de madera, el otro tipo de máquina utiliza cuchillas afiladas que cortan finas astillas de lo que sea que sea empujado a sus fauces. La astilladora está diseñada para moler materiales leñosos como pequeñas ramas de árboles, podas y cañas de bayas. El buen funcionamiento depende de tener cuchillas afiladas. Pero los bordes se desafilan fácilmente y requieren mantenimiento. Hay que tener cuidado de evitar pasar tierra y pequeñas piedras a través de una astilladora. Los materiales suaves, secos y quebradizos como las hojas se romperán, pero no se procesan tan rápido como en un molino de martillos. Las astilladoras no manejarán material húmedo y suave.

Cuando son impulsadas por motores eléctricos de baja potencia, tanto las astilladoras como los molinos de martillos son máquinas livianas. Pueden ser un poco temblorosas, paradas en piernas delgadas o pequeñas plataformas, por lo que los materiales deben ser introducidos suavemente. La mayoría de los modelos eléctricos cuestan entre 300 y 400 euros.

Las personas con más de un patio de correos a quienes les gusta tratar con maquinaria pueden querer una trituradora/trituradora de gasolina. Estas son máquinas mucho más sustanciales que combinan una gran trituradora de martillos con una trituradora de alimentación lateral para ramas. Agitar dentro de un molino de martillos o astillar ramas de dos o más pulgadas de diámetro concentra una gran cantidad de fuerza; entre el ruido del motor y el estruendo ensordecedor cuando los materiales secos golpean alrededor de la cámara de molienda, la protección del oído es esencial. También lo son las gafas de seguridad y los guantes gruesos. Aunque la correa del ventilador que impulsa el eje está protegida, no la operaría sin usar ropa ajustada. Al moler materiales secos, pueden desprenderse grandes nubes de polvo. Algunas de estas partículas, como el polvo de alfalfa o de heno seco y estropeado (mohoso), pueden irritar gravemente los pulmones, los ojos, la garganta y las fosas nasales. Una máscara facial, o mejor, una máscara de gas de sobra del ejército con gafas incorporadas, puede ser lo adecuado. Y probablemente querrás tomar una ducha cuando termines.

Con la pantalla de tamaño adecuado seleccionada del surtido suministrado en la compra, algo que se aprendió después de un poco de experiencia, los poderosos molinos de martillo son capaces de pulverizar cantidades bastante grandes de material seco en poco tiempo. Pero el material húmedo es mucho más lento de atravesar y puede requerir una pantalla mucho más gruesa para salir del todo. Cambiar los materiales puede significar cambiar las pantallas y eso lleva unos pocos minutos. Las hojas secas parecen fluir tan rápido como pueden ser alimentadas. Las astilladoras auxiliares de alimentación lateral incorporadas en los molinos de martillo harán un trabajo corto de las ramas verdes más pequeñas de los árboles; pero la madera seca y endurecida tarda mucho más tiempo. Alimentar las ramas grandes y duras demasiado rápido puede romper las cuchillas de la astilladora e incluso romper los cojinetes de bolas que sostienen el eje. Aquí hablo por experiencia.

Aunque los anuncios de estas máquinas las hacen parecer sin esfuerzo y rápidas, las trituradoras en realidad requieren un tiempo considerable, energía, atención especializada, concentración constante y experiencia. Cuando se tritura uno debe atentamente emparejar el flujo de entrada con el de salida porque si la tolva se llena demasiado, las púas se rugen y dejan de funcionar. Por ejemplo, se puede enredar fácilmente mientras se alimenta rápidamente con finas escamas quebradizas de heno seco echado a perder y luego no se puede reducir la velocidad mientras se reduce gradualmente una escama blanda y húmeda. Para limpiar un rotor gruñido sin arriesgar la continuidad de la fijación del propio brazo, el motor debe apagarse antes de alcanzar la tolva y desenredar las púas. Para limpiar máquinas muy obstruidas también puede ser necesario primero quitar y luego reemplazar la pantalla de descarga, algo que lleva unos minutos.

Hay diferencias significativas en la calidad de los materiales y la mano de obra que se utilizan en la fabricación de estas máquinas. Todas tienen un buen aspecto cuando están recién pintadas; no siempre es posible saber lo que se ha comprado hasta que ha pasado una o dos temporadas de uso intenso. Una ayuda probada para elegir la calidad es preguntar a las empresas de alquiler de equipos qué marca no pueden destruir sus clientes. Otra guía es observar la marca del motor de gasolina que lleva.

En mi carrera de jardinería he tenido bastantes motocultores y cortadoras de césped a gasolina y una trituradora de ocho caballos de fuerza. En mi experiencia hay dos grados de pequeños motores de gasolina... el "consumidor" y el genuino "industrial". Como todos los productos de consumo, los motores de consumo están destinados a ser consumidos. Tienen una vida de diseño de unos pocos cientos de horas y luego se desgastan. La mayoría de las piezas están hechas de aluminio blando y fácil de mecanizar, reforzado con pequeñas cantidades de acero en lugares vitales.

Hay dos compañías americanas genuinamente superiores, Kohler y Wisconsin, que fabrican motores de gas muy duraderos, de larga duración, que se encuentran comúnmente en pequeños equipos industriales. Con un mantenimiento adecuado, sus máquinas están diseñadas para soportar miles de horas de uso continuo. Creo que los pequeños motores de gas hechos por Yamaha, Kawasaki, y especialmente Honda, son de igual o mayor calidad que cualquier cosa hecha en América. Sugiero que podría hacer algo peor que juzgar cuánto tiempo espera el fabricante que dure su trituradora/trituradora por el motor que selecciona.

Las trituradoras/trituradoras de gasolina cuestan entre 700 y 1.300 euros. A principios de los años 70 usé una en sólo un año de hacer un rápido abono para un huerto francés biodinámico intensivo de medio acre. Cuando amorticé el costo de la máquina en el valor del abono y de las verduras que cultivé con el abono, y considerando la cantidad de tiempo que pasé haciendo funcionar la trituradora contra la energía extra que se necesita para convertir montones de abono lento ordinario, decidí que sería mejor permitir que mis montones tardaran más tiempo en madurar.

COMPOSTAJE EN HOJAS

La descomposición se produce rápidamente en un montón de composta caliente, siendo los principales agentes de la descomposición los microorganismos amantes del calor. La descomposición se produce lentamente en la superficie del suelo y los principales agentes de la descomposición son los animales del suelo. Sin embargo, si las hojas y el lodo de un bosque o una gruesa capa de estera se introducen en la capa superior del suelo, la descomposición se acelera enormemente.

Durante dos siglos, la agricultura de la frontera americana dependió de este método. Los primeros pioneros se trasladaban a una región virgen, despejaban el bosque y araban en milenios los nutrientes acumulados como biomasa en el suelo del bosque. Durante unos pocos años, tal vez una década, o incluso veinte años si el suelo llevaba un nivel de mineralización más alto que el promedio, los cultivos de los suelos forestales crecieron magníficamente. Luego, a menos que se introdujeran otros métodos para reconstruir la fertilidad, los rendimientos, los cultivos, la salud animal y la salud humana declinaron. Cuando se llegó a las praderas de hierba menos lixiviadas de lo que hoy llamamos el Medio Oeste, se extrajeron recompensas aún mayores durante más años porque las ricas praderas de tierra negra contienen más nutrientes minerales y el césped acumula mucho más humus que los bosques.

El compostaje en láminas imita este sistema y ahorra una gran cantidad de esfuerzo. En lugar de amontonar materia orgánica, voltearla varias veces, llevar el humus de vuelta al jardín, esparcirlo y cultivarlo, el compostaje en láminas lleva a cabo el proceso de descomposición con mucho menos esfuerzo justo en el suelo que necesita ser enriquecido.

El compostaje en hojas es el método más fácil de todos. Sin embargo, el método tiene ciertas responsabilidades. A menos que el material que se esparza sea estiércol puro sin cantidades significativas de lecho, o sólo recortes de hierba fresca de primavera, o heno de alfalfa, la proporción de carbono-nitrógeno será casi con toda seguridad muy superior a la del humus estable. Como se ha explicado anteriormente, durante las etapas iniciales de la descomposición, el suelo se verá completamente agotado de nutrientes. Sólo después de que se haya consumido el excedente de carbono se normalizará la ecología del suelo y el perfil de nutrientes. El tiempo que esto llevará depende de la naturaleza de los materiales que se están compostando y de las condiciones del suelo.

Si el suelo es húmedo, aireado y cálido y si ya contenía altos niveles de nutrientes, y si los materiales orgánicos no son leñosos y resistentes y tienen una relación C/N razonable, entonces el compostaje de las hojas procederá rápidamente. Si el suelo es frío, seco, arcilloso (relativamente sin aire) o infértil y/o la materia orgánica consiste en cosas como paja de grano, papel, o lo que es peor, aserrín sin corteza, entonces la descomposición será más lenta. Obviamente, no es posible afirmar con ninguna precisión lo rápido que el compostaje de hojas procedería para usted.

Las hojas de otoño suelen ser un buen ejemplo de compostaje. Estas se recogen, se extienden por todo el jardín (excepto en las zonas destinadas a la siembra de principios de primavera), y se cultivan lo menos posible antes del invierno. Incluso en el norte, donde el suelo se congela durante meses, se producirá cierta descomposición en otoño y luego en primavera, a medida que el suelo se calienta, el compostaje se reanuda instantáneamente y se termina para el momento en que el peligro de heladas haya terminado. El compostaje de materiales de mayor C/N en primavera también es viable cuando la tierra no está programada para plantar temprano. Si la materia orgánica tiene una relación C/N baja, como el estiércol, un cultivo de estiércol verde tierno que aún no forma semillas, heno de alfalfa o recortes de hierba, un volumen bastante grande de material puede ser descompuesto por el suelo caliente en cuestión de semanas.

Sin embargo, la putrefacción de grandes cantidades de material muy resistente como el aserrín puede llevar muchos meses, incluso en un suelo caliente y húmedo. La mayoría de los jardineros no pueden permitirse el lujo de dar su valiosa tierra para ser una fábrica de compost durante meses. Una forma de acelerar el compostaje de algo con un alto C/N es enmendarlo con una fuerte fuente de nitrógeno como el estiércol de pollo o la harina de semillas. Si el aserrín es la única materia orgánica que se puede encontrar, recomiendo una excepción para evitar el fertilizante químico. Añadiendo unas 80 libras de urea a cada yarda cúbica de aserrín, su C/N total se reduce de 500:1 a unas 20:1. La urea es quizás la más benigna de todas las fuentes químicas de nitrógeno. No acidifica el suelo, no es tóxica para los gusanos u otros animales o microorganismos del suelo, y es en realidad una forma sintética de la sustancia química natural que contiene la mayor parte del nitrógeno en la orina de los animales. En ese sentido, poner urea en el suelo no es tan diferente de poner vitamina C sintética en un cuerpo humano

Enterrar la basura de la cocina es una forma tradicional de compostaje en hojas practicada por los jardineros que cultivan en hileras, generalmente en climas templados donde el suelo no se congela en invierno. Algunas personas utilizan una excavadora de postes para hacer un agujero limpio de seis a ocho pulgadas de diámetro, de unas dieciocho pulgadas de profundidad entre las hileras de plantas que crecen bien espaciadas. Cuando el hoyo se ha llenado a menos de dos o tres pulgadas de la superficie, se rellena con tierra. Rara vez los animales molestan a la basura enterrada, está a salvo de las moscas y sin embargo existe suficiente aire en el suelo para que se descomponga rápidamente. La ecología local del suelo y el equilibrio de nutrientes se altera temporalmente, pero la alteración sólo ocurre en este pequeño lugar lo suficientemente lejos de las plantas en crecimiento como para no tener ningún efecto dañino.

Otra variación de eliminación de basura se ha llamado "compostaje de zanja". En lugar de un agujero para postes, se excava gradualmente una larga zanja del ancho de una pala combinada y de un pie de profundidad entre cultivos en hilera espaciados a unos cuatro pies (o más) de distancia. A medida que se vacía en la zanja un cubo tras otro de basura, estiércol y otras materias orgánicas, se cubre con tierra cavada desde un poco más lejos. El próximo año, las filas se desplazan dos pies para que los cultivos se siembren por encima de la basura compostada.

Jardinería con mantillo

Ruth Stout descubrió... o al menos popularizó este nuevo método. El acolchado puede deber parte de su popularidad a la posesión por parte de Ruth de un talento para la escritura similar al de su hermano Rex, que era un conocido escritor de misterio de mediados de siglo. El libro humorístico de Ruth, -Jardinería sin trabajo- es un clásico divertido de leer que recomiendo encarecidamente, aunque sólo sea para mostrar cómo una persona inteligente puede hacer descubrimientos notables simplemente observando lo obvio. Sin embargo, como muchos otros escritores de jardinería, Ruth Stout cometió el error de asumir que lo que funcionaba en su propio patio trasero sería aplicable universalmente. La jardinería con mantillo no tiene éxito en todas partes.

Este fácil método imita la descomposición en el suelo del bosque. En lugar de hacer montones de abono o compostaje en hojas, el jardín se mantiene densamente cubierto con una capa permanente de vegetación en descomposición. El mantillo durante todo el año produce una serie de ventajas sinérgicas. La descomposición en la superficie del suelo es lenta pero constante y mantiene la fertilidad. Al igual que en el suelo del bosque, los animales del suelo y las poblaciones de gusanos son altos. Sus actividades aflojan continuamente la tierra, transportan constantemente el humus y los nutrientes a mayor profundidad en el suelo, y eliminan toda necesidad de labranza. Protegidas del sol, las capas superficiales del suelo no se secan, por lo que las especies que se alimentan a poca profundidad, como la lechuga y los amantes de la humedad, como los rábanos, crecen mucho mejor. Durante el verano, el suelo abonado tampoco se calienta de forma insalubre.

Las ventajas continúan. La capa superior del suelo directamente debajo del mantillo tiene un alto contenido de materia orgánica, reteniendo la humedad, eliminando la formación de costras y, en consecuencia, mejorando la germinación de las semillas. Los mulchers suelen sembrar en filas bien separadas. El jardinero simplemente rastrilla el mantillo y expone unos pocos centímetros de tierra desnuda, araña un surco y cubre la semilla con la capa superior de humus. A medida que las plántulas crecen y se adelgazan, el mantillo es gradualmente empujado a su alrededor.

¿Las malas hierbas? ¡No hay problema! Excepto en el caso de las semillas que germinan, la capa de mantillo es lo suficientemente gruesa como para evitar que broten semillas de malas hierbas. Si una mala hierba empieza a aparecer a través del mantillo, se toma como una indicación de que la mancha se ha cubierto demasiado fino y una escama de heno estropeado u otra vegetación se arroja sobre la planta no deseada, asfixiándola.

¡Oh, qué fácil parece! Elige un lugar para el jardín. Si tienes que esperar un año antes de empezar tu jardín, ni siquiera te molestes en labrar primero. Cúbrelo a medio metro de profundidad con combinaciones de heno estropeado, hojas, recortes de hierba y paja. Los desechos leñosos no son adecuados porque no se pudren lo suficientemente rápido como para alimentar el suelo. La basura de la cocina y el estiércol también pueden echarse sobre la tierra y, para dar sensación de orden, cubrirse con heno. El mantillo asfixia la hierba o las malas hierbas que crecen allí y el lugar empieza a ablandarse. El año que viene estará listo para cultivar verduras.

Si la parcela es muy infértil para empezar, no habrá suficiente actividad biológica o nutrientes en el suelo para descomponer rápidamente el mantillo. En ese caso, para acelerar el proceso, antes de colocar el mantillo, eche una capa inicial de estiércol o una espolvoreada abundante de harina de semillas. A partir de entonces, el material de acolchado será suficiente. Nunca más labrar. No volver a desherbar. Nunca más fertilizar. No hay que hacer pilas de compost, ni voltearlas, ni transportarlas. Sólo hay que estar atento al heno estropeado y comprar unas cuantas toneladas baratas cada año.

Stout, que descubrió la jardinería con mantillo en Connecticut, donde las lluvias irregulares del verano solían ser suficientes para regar un jardín muy espaciado, también pensó erróneamente que los jardines con mantillo perdían menos humedad del suelo porque la tierra estaba protegida del sol que se secaba y, por lo tanto, no necesitaba riego durante las sequías ocasionales. Sospecho que la resistencia a la sequía bajo el mantillo tiene más que ver con la capacidad de la planta para alimentarse vigorosamente, obtener nutrición y seguir creciendo porque los centímetros de superficie, donde se encuentra la mayor parte de los nutrientes del suelo y las actividades biológicas, se mantuvieron húmedos. También sospecho que la pérdida de humedad real y medible del suelo con mantillo puede ser mayor que la de la tierra desnuda. Pero eso es otro libro que escribí, llamado _Jardinería sin riego.

—

Sí, cultivar un huerto bajo un mantillo permanente durante todo el año parece fácil, pero tiene algunos inconvenientes. Ruth Stout no los descubrió porque vivía en Connecticut, donde el suelo se congela todos los inviernos y permanece congelado el tiempo suficiente como para frenar los niveles de población de ciertos animales del suelo. En el norte, las tijeretas y las chinches de la siembra (chinches de la píldora) se encuentran con frecuencia en los jardines con mantillo, pero no se convierten en una plaga grave. Las babosas son poco frecuentes y los caracoles no existen. Todo gracias al invierno.

Pruebe el acolchado permanente en el sur profundo, o en California, donde me decepcionó por primera vez el acolchado, o en el noroeste marítimo, donde vivo ahora, y se producirá una catástrofe. Durante el primer año estos animales del suelo están presentes pero no causan ningún problema. Pero después del primer invierno suave sin retroceso de la población, se convierten en una plaga. Las babosas (y en California, los caracoles) se encontrarán por todas partes, devastando las plántulas. Las tijeretas y las chinches, que antes sólo se veían comiendo mantillo en descomposición, empiezan a atacar las plantas. Pronto resulta imposible conseguir que se establezca un rodal de plántulas. La situación se puede solucionar rápidamente rastrillando todo el mantillo, sacándolo del jardín y compostándolo. Sé que esto es cierto porque he tenido que hacer eso en California, donde, como jardinero novato, tuve mis primeras catástrofes con el mantillo, y después, cuando me mudé a Oregón, volví a probar el mantillo con resultados similares.

VERMICOMPOSTAJE

Era 1952 y el Sr. Campbell tenía un contenedor de lombrices. Esta caja poco profunda -de unos 60 centímetros de ancho por 60 centímetros de largo- se encontraba debajo de una mesa de trabajo en el pequeño almacén/invernadero adyacente a nuestra clase de ciencias de la escuela primaria. Estaba llena de lo que parecía tierra negra y desmenuzable y de millones de pequeñas lombrices rojas, que no se parecían en nada a las enormes lombrices nocturnas que yo solía arrancar del césped al anochecer para llevarlas a pescar a la mañana siguiente. Las lombrices del Sr. Campbell se alimentaban de posos de café usados; las lombrices, a su vez, servían de alimento a las salamandras, al pez favorito del Sr. Campbell, una lubina de catorce pulgadas llamada Carl, a varias serpientes y a las tortugas que vivían en acuarios alrededor del aula. De vez en cuando, la "tierra" de la caja servía para alimentar sus exuberantes plantas en maceta.

El Sr. Campbell hacía vermicompostaje. Antes de la era de la ecología y el reciclaje, probablemente pensaba en ello como en la cría de alimentos vivos para mantener su colección educativa. Aunque nunca había tenido motivos para criar lombrices, la preparación de este libro despertó mi interés por todos los métodos posibles de compostaje. Como no me sentía cómodo escribiendo sobre algo que no había hecho, construí una pequeña caja de lombrices, obtuve medio kilo de lombrices de marca, hice lecho, añadí lombrices y empecé a alimentar la caja con el contenido de mi cubo de abono de la cocina.

Para mi secreta sorpresa, el vermicompostaje funciona tal y como decía el libro de Mary Appelhof "Las lombrices se comen mi basura". El lombricompostaje es increíblemente fácil, aunque admito que hubo una breve curva de aprendizaje y unos breves episodios de olores agrios que desaparecieron en cuanto dejé de sobrealimentar a las lombrices. También descubrí que mi caja casera tenía que tener una bandeja de recogida de gotas debajo. Una amiga mía, que ha tenido su propia caja de lombrices en casa durante años, me dice que diluir estas ocasionales, insignificantes y casi inodoras emisiones líquidas de color oscuro con varias partes de agua las convierte en un excelente fertilizante para las plantas de la casa o el jardín.

Pronto me quedó claro que el compostaje con lombrices resuelve convenientemente varios problemas de reciclaje. ¿Cómo puede un propietario del norte procesar la basura de la cocina en invierno, cuando el suelo y la pila de compost están congelados y no hay otra vegetación que mezclar? ¿Y puede un habitante de un apartamento sin otro tipo de residuos orgánicos que la basura y quizás el periódico reciclarlos en casa? La solución a ambas situaciones es el vermicompostaje.

Los excrementos de lombriz, el producto final del vermicompostaje, son realmente el mejor compost que se puede hacer o comprar. En comparación con el volumen de residuos de la cocina que irán a parar a una caja de lombrices, la cantidad de excrementos que obtendrás será pequeña, aunque potente. Los habitantes de los apartamentos podrían utilizar las coladas de las lombrices para cultivar magníficas plantas de interior o esparcir las coladas sobrantes bajo las plantas ornamentales o sobre el césped alrededor de sus edificios o en el parque local.

En este capítulo, te animo a que al menos pruebes el compostaje con lombrices. También respondo a las preguntas que más me hace la gente sobre el uso de lombrices para reciclar la basura de la cocina. Como dijo la siempre entusiasta Mary Applehof:

"Espero que te convenza de que tú también puedes hacer vermicompostaje, y que este sencillo proceso de nombre tan gracioso es mucho más fácil de hacer de lo que pensabas. Al fin y al cabo, si los gusanos se comen mi basura, también se comerán la tuya".

LOCALIZACIÓN DE LAS LOMBRICES

La especie de lombriz que se utiliza para el vermicompostaje tiene varios nombres comunes: lombriz roja, lombriz roja, lombriz de estiércol o lombriz de marras. Las lombrices rojas están sanas y activas siempre que se mantengan por encima de la temperatura de congelación y por debajo de los 85 grados. Incluso si la temperatura del aire supera los 85 grados, su lecho húmedo se enfriará por evaporación siempre que la circulación de aire sea adecuada. Son más activos y consumen más residuos entre los 55 y 77 grados de temperatura ambiente. Los gusanos rojos necesitan vivir en un entorno húmedo pero deben respirar aire a través de su piel. Mantener su lecho húmedo rara vez es el problema; evitar que se encharque y quede sin aire puede ser una dificultad.

En el sur o a lo largo de la costa del Pacífico, donde las cosas nunca se congelan, las lombrices pueden mantenerse en el exterior en un pozo poco profundo y sombreado (siempre que el lugar no se inunde) o en una caja en el garaje o el patio. En el norte, las lombrices se guardan en un contenedor que puede estar situado en cualquier lugar con buena ventilación y con temperaturas que se mantengan por encima del punto de congelación pero que no se calienten demasiado. Los buenos lugares para una caja de lombrices son debajo del fregadero de la cocina, en el lavadero o en el sótano. La cocina, al ser la fuente de alimentación de la lombriz, es la más conveniente, salvo por el peligro de los olores temporales.

Si tiene uno, el sótano puede ser la mejor ubicación porque está fuera del camino. Mientras aprendes a manejar tus lombrices puede haber problemas ocasionales de olores a corto plazo o moscas de la fruta; estos no serán tan objetables si la caja está debajo de la casa. Además, un vermicompostador sólo puede existir en una ecología compleja de animales del suelo. Algunos de ellos pueden salir de la caja y encontrarse inofensivamente en la cocina. Las amas de casa más fastidiosas pueden encontrar esto desagradable. Los sótanos también suelen mantener una temperatura más fresca en verano. Sin embargo, es menos conveniente bajar el cubo de compostaje al sótano cada pocos días.

CONTENEDORES

Las lombrices rojas necesitan respirar oxígeno, pero en los contenedores profundos la ropa de cama puede empaquetarse y quedarse sin aire, impidiendo temporalmente que las lombrices se coman el material del fondo. Esto puede no ser tan grave porque removerás la caja de vez en cuando al añadir nuevo alimento. Pero la descomposición anaeróbica huele mal. Si se mantienen las condiciones aeróbicas, el olor de una caja de lombrices es muy leve y no es especialmente desagradable. Yo noto el olor de la caja sólo cuando estoy añadiendo nueva basura y acerco mi nariz mientras remuevo el material. Una caja poco profunda estará mejor aireada porque expone mucha más superficie. Los contenedores de lombrices deben tener de ocho a doce pulgadas de profundidad.

Yo construí mi propia caja con un viejo contrachapado. No se necesita una tapa porque las lombrices no se arrastrarán fuera. De hecho, cuando el compostaje de lombrices se hace al aire libre en fosas poco profundas, pocas lombrices rojas salen del fondo entrando en la tierra porque hay poco allí para que coman. Dado que el flujo de aire es vital, deben hacerse numerosos agujeros de entre 1/4 y 1/2 pulgada de diámetro en el fondo y la caja debe tener pequeñas patas o tacos de entre 1/2 y 3/4 de pulgada de grosor para sostenerla lo suficiente como para que el aire fluya por debajo. Es esencial disponer de un recogedor de gotas -una bandeja grande para galletas funciona bien-. Las lombrices también pueden guardarse en recipientes de plástico (como cacerolas) con agujeros en el fondo. En el momento de escribir este libro, una empresa de venta por correo de artículos de jardinería vende incluso un contenedor de plástico verde para el vermicompostaje de 19" por 24" y unos 12" de profundidad, con bandeja de goteo, tapa y un suministro inicial de lombrices y lecho. Si el compostaje con lombrices se hace más popular, otros seguirán su ejemplo.

A no ser que seas muy fuerte, no construyas una caja de más de 2 x 4 pies porque habrá que levantarla de vez en cuando. Las cajas de madera deberían durar tres o cuatro años. Si las construyes de madera contrachapada, utiliza un grado exterior para evitar la delaminación. No es aconsejable fabricar los contenedores con madera de roble o cedro resistente a la putrefacción, ya que los aceites naturales que la impiden también pueden ser tóxicos para los gusanos. Selladas con poliuretano, epoxi u otro material impermeable no tóxico, las cajas para lombrices deberían durar bastante más.

¿Qué tamaño tiene la caja o cuántas cajas se necesitan? Cada pie cúbico de caja de lombrices puede procesar aproximadamente una libra de basura de cocina cada semana. Naturalmente, algunas semanas entrará más basura en la caja que otras. Las lombrices se adaptarán a estos cambios. Puedes estimar el tamaño de la caja según el promedio semanal de basura en un período de tres meses. Mi propia cocina, abastecida por el jardín de casa, alimenta a dos adultos "vegetarianos". Al ser jardineros durante todo el año, nuestra cocina desecha muchos recortes que nunca saldrían de un supermercado y tiramos como "viejas" las verduras de la ensalada que todavía están más frescas que la mayoría de la gente que compra en la tienda. Diría que nuestro cubo de compost de 2,5 galones se tira dos veces por semana en invierno y tres veces en verano. De mayo a septiembre mientras el jardín está "encendido", una sola caja de 2 pies x 4 pies por 12 pulgadas de alto (8 pies cúbicos) no es suficiente para nosotros.

El lecho es un material de alta relación C/N que mantiene la humedad, proporciona un medio aeróbico en el que pueden existir las lombrices y permite enterrar la basura en la caja. Los mejores lechos son también ligeros y aireados, ayudando a mantener las condiciones aeróbicas. El lecho no debe ser tóxico para las lombrices porque acabarán comiéndolo. La ropa de cama comienza seca y debe ser empapada primero en agua y luego exprimida hasta que esté simplemente muy húmeda. Varios materiales ordinarios hacen una buena ropa de cama. Puede utilizar un lecho de un solo material o puede llegar a preferir mezclas.

Si tiene una trituradora eléctrica, puede triturar cajas de cartón ondulado. Manejar el cartón triturado en el interior puede ser un poco polvoriento hasta que lo humedezca. El cartón triturado se vende a granel como aislante, pero este material ha sido tratado con un retardante del fuego que es tóxico. Las trituradoras de gasolina también pueden triturar paja de cereales o heno de hierba estropeado (si está seco y quebradizo). El heno de alfalfa se descompone muy rápidamente.

Del mismo modo, el papel de periódico triturado es un buen lecho. La tinta no es tóxica, ya que está hecha de negro de humo y aceite. Rasgando con el grano, secciones enteras de periódico pueden ser rápidamente rasgadas en jirones de un centímetro de ancho con la mano. Se puede conseguir otro tipo de papel triturado en bancos, oficinas o universidades que puedan deshacerse de documentos.

Las hojas trituradas son un excelente lecho. En este caso no es necesaria una trituradora eléctrica. Un cortacésped normal es capaz de picar y embolsar grandes volúmenes de hojas secas en poco tiempo. Estas pueden prepararse una vez al año y almacenarse secas en bolsas de plástico para la basura hasta que se necesiten. Unas cuantas bolsas de 30 galones se encargarán de su vermicompostaje durante todo un año. Sin embargo, las hojas secas pueden tardar un poco más en rehidratarse que otros materiales.

El musgo de turba es muy utilizado como lecho por los lombricultores comerciales. Es muy ácida y contiene otras sustancias perjudiciales para las lombrices que primero se eliminan remojando el musgo durante unas horas y luego exprimiendo a mano el musgo empapado hasta que esté húmedo. Luego se añade un poco de cal para ajustar el pH.

SUELO

Las lombrices rojas son habitantes de la cama que toleran el calor y encuentran poco que comer en la tierra. Mezclar grandes cantidades de tierra en la cama de las lombrices hace que la caja sea muy pesada. Sin embargo, el sistema digestivo de las lombrices tritura los alimentos utilizando las partículas de tierra como arenilla abrasiva de la misma manera que los pájaros "mastican" en su cultivo. Un gran puñado de tierra añadida mejorará una caja de lombrices. Un par de cucharadas de cal agrícola en polvo hace lo mismo al tiempo que añade calcio adicional para nutrir a las lombrices.

LOMBRICES ROJAS

El nombre científico de las especies utilizadas en el vermicompostaje es Eisenia foetida. Pueden comprarse por correo a los criadores, a las tiendas de cebos y, hoy en día, incluso a las empresas de venta por correo de artículos de jardinería. Los gusanos rojos también pueden recogerse de las pilas de compost y estiércol después de que se hayan calentado y se estén enfriando.

Las lombrices nocturnas y las lombrices de jardín comunes desempeñan un papel muy importante en la creación y el mantenimiento de la fertilidad del suelo. Pero estas especies son habitantes del suelo y requieren condiciones frescas. No pueden sobrevivir en una caja de lombrices poco profunda a temperatura ambiente.

Los gusanos rojos son capaces de reproducirse muy rápidamente a temperaturas ambiente en una caja de lombrices. Ponen huevos encerrados en un capullo con forma de limón del tamaño de un grano de arroz del que nacerán las crías. Los capullos comienzan siendo de color blanco nacarado, pero a medida que las crías se desarrollan durante un periodo de tres semanas, los huevos cambian de color a amarillo, luego a marrón claro y, finalmente, a rojizo cuando las crías están listas para eclosionar. Normalmente, de un capullo salen dos o tres gusanos jóvenes.

Las crías son blanquecinas y semitransparentes y miden aproximadamente media pulgada. Se necesitan unas 150.000 crías para pesar medio kilo. Una cría de gusano rojo crece a un ritmo explosivo y alcanza la madurez sexual en cuatro o seis semanas. Una vez que comienza a reproducirse, el gusano rojo hace de dos a tres capullos a la semana durante seis meses a un año; o bien, un gusano reproductor puede hacer unas 100 crías en seis meses. Y las crías se reproducen unos tres meses después de la puesta de los primeros huevos.

Aunque esta tasa de reproducción no es igual a la de la levadura (capaz de duplicarse cada veinte minutos), un aumento de varios cientos de veces cada seis meses es sorprendentemente rápido. En el vermicompostaje, el aumento de la población de lombrices está limitado por la comida y el espacio disponibles y por los propios productos de desecho de las lombrices o excrementos. Los excrementos de las lombrices son ligeramente tóxicos para ellas. Cuando una caja nueva comienza con lecho fresco, no contiene excrementos. A medida que pasa el tiempo, el lecho se descompone gradualmente por los microorganismos que comen celulosa, cuyos productos de descomposición son consumidos por las lombrices y la caja se llena gradualmente de excrementos.

A medida que aumenta la proporción de yesos, la reproducción se ralentiza y las lombrices maduras empiezan a morir. Sin embargo, casi nunca verás una lombriz muerta en una caja de lombrices porque sus cuerpos, ricos en proteínas, se descomponen rápidamente. Reconocerá rápidamente las coladas de lombriz. Una vez que el lecho se ha consumido y la caja contiene sólo lombrices, moldes de lombrices y basura fresca, es necesario vaciar los moldes, reemplazar el lecho y comenzar el ciclo de nuevo. La forma de hacerlo se explicará en un momento. Pero primero, ¿cuántas lombrices necesitarás para empezar el vermicompostaje?

Podrías empezar con unas pocas docenas de lombrices rojas, comenzar pacientemente alimentándolas con pequeñas cantidades de basura y en seis meses o un año tener una caja llena. Sin embargo, es casi seguro que querrás empezar con un sistema que pueda consumir toda o la mayor parte de la basura de tu cocina de inmediato. Así que, para empezar, necesitará obtener dos libras de lombrices por cada libra de basura que ponga en la caja cada día. Supongamos que en una semana promedio su cubo de compostaje de la cocina toma siete libras de residuos o alrededor de un galón. Eso supone un promedio de una libra por día. Necesitarás alrededor de un kilo de lombrices.

También necesitarás una caja con capacidad para seis o siete pies cúbicos, es decir, de 2 x 3 pies por 12 pulgadas de profundidad. Cada libra de lombrices necesita tres o cuatro pies cúbicos de lecho. Una mejor manera de estimar el tamaño de la caja es calcular que un pie cúbico de lombriz puede digerir aproximadamente una libra de residuos de cocina a la semana sin volverse anaeróbico y sin oler mal.

Los gusanos rojos son pequeños y, por lo tanto, los lombricultores los venden por libras. Hay unos 1.000 reproductores maduros por cada libra de lombrices rojas jóvenes. Los distribuidores de cebo prefieren vender sólo los tamaños más grandes o sus clientes se quejan. Los "Red wigglers" de una tienda de cebo pueden contar sólo con 600 por libra. Los criadores de lombrices venderán "pit run" que cuesta mucho menos. Se trata de una mezcla de gusanos de todos los tamaños y edades. A menudo, los tamaños más grandes ya han sido separados para su venta como cebo para peces. Eso está perfectamente bien. Dado que las crías tienen un peso de 150.000 por libra y las lombrices maduras cuentan con unos 600-700, la población de una libra de pit run puede variar mucho. Una estimación razonable de pit run es de 2.000 por libra.

En realidad, no importa el número, es su peso el que determina cuánto comerán. Los gusanos rojos comen un poco más que su peso en comida cada día. Si esto es así, ¿por qué recomendé empezar el vermicompostaje con dos libras de lombrices por cada libra de basura? Porque las lombrices que comprarás no estarán acostumbradas a vivir en el tipo de lecho que les darás ni ajustadas a la mezcla de basura que les darás. Al principio puede haber algunas pérdidas. Al cabo de unas semanas, las lombrices supervivientes se habrán adaptado.

La mayoría de la gente tiene poca tolerancia al fracaso absoluto. Pero si tienen un historial de éxitos a sus espaldas, los pequeños fallos no los detendrán. Por eso es vital empezar con suficientes lombrices. La única vez que el vermicompostaje se vuelve oloroso es cuando las lombrices se alimentan demasiado. Si se comen rápidamente toda la comida que se les da, el sistema funciona notablemente sin problemas y no hace ninguna ofensa. Por favor, tenlo en cuenta ya que puede haber algunos problemas de corta duración hasta que aprendas a medir su ingesta.

CÓMO MONTAR UNA CAJA DE GUSANOS

Los gusanos rojos necesitan un entorno húmedo pero no empapado, con un contenido de humedad de más o menos el 75 por ciento en peso. Pero el material del lecho comienza muy seco. Así que pesa el lecho y luego añade tres veces ese peso de agua. La regla que hay que recordar aquí es "una pinta es una libra en todo el mundo", o un galón de agua pesa alrededor de ocho libras. Como indicador, se necesita de 1 a 1-1/2 libras de lecho seco por cada pie cúbico de caja.

El mejor contenedor es probablemente un cubo de basura vacío, aunque en caso de apuro se puede hacer en el fregadero de la cocina o en un par de cubos de plástico de cinco galones. Coloque con precaución la mitad de la ropa de cama (probablemente polvorienta) en el recipiente de mezcla. Añade aproximadamente la mitad del agua necesaria y mézclala bien. A continuación, añade dos puñados de tierra, el resto de la ropa de cama y el resto del agua. Continúe mezclando hasta que se haya absorbido toda el agua. A continuación, reparte el material de manera uniforme por tu caja de lombrices vacía. Si has medido correctamente, no debería salir agua por los orificios de ventilación del fondo y la cama no debería gotear cuando se aprieta un puñado con moderación.

A continuación, añade las lombrices. Esparce las lombrices rojas por la superficie del lecho. Cavarán bajo la superficie para evitar la luz y en pocos minutos habrán desaparecido. A continuación, añade la basura. Cuando lo hagas por primera vez, te sugiero que extiendas la basura por toda la superficie y la mezcles con un cultivador manual de tres púas. Esta es la mejor herramienta para trabajar la caja porque las puntas redondeadas no cortarán a los gusanos.

A continuación, cubre la caja. Mary Applehof sugiere utilizar una lámina de plástico negro ligeramente más pequeña que las dimensiones interiores del contenedor. El material negro impide la entrada de luz y permite que las lombrices estén activas en la superficie. Es posible que una cubierta de plástico retenga demasiada humedad y restrinja demasiado el flujo de aire. Cuando cubrí mi caja de lombrices con plástico, goteaba demasiado. Pero entonces, la mayor parte de lo que doy de comer a las lombrices es material vegetal fresco que tiene un 80-90 por ciento de agua. Otros hogares pueden alimentar material más seco como pan duro y sobras. He descubierto que en nuestra dieta es mejor mantener la caja en un lugar poco iluminado y utilizar una sola hoja de periódico doblada a las dimensiones interiores de la caja como una cubierta suelta que favorece la aireación, reduce un poco la luz en la superficie y disminuye la pérdida de humedad aunque no la detiene por completo.

CÓMO ALIMENTAR A LOS GUSANOS

Los gusanos rojos se alimentan de cualquier tipo de residuo vegetal que se genere al preparar la comida. Esta es una lista parcial a tener en cuenta: cáscaras de patata, cáscaras de cítricos, hojas exteriores de lechuga y col, tallos de espinacas, núcleos de col y coliflor, colas de apio, restos de platos, comida estropeada como judías viejas, queso mohoso y otras sobras, bolsas de té, cáscaras de huevo, pulpa de exprimidor. Los favoritos de las lombrices parecen ser los posos de café usados, aunque éstos pueden fermentar y producir un olor agrio.

Los amantes del goteo profundo L pueden poner los filtros también. Este papel adicional simplemente complementa el lecho. Los trozos grandes de materia vegetal pueden tardar mucho en ser digeridos. Antes de echar los núcleos de col o coliflor o las colas de apio en el cubo de compostaje, córtalos en trozos más finos o en rodajas finas. No es necesario triturar la basura. Todo se acabará descomponiendo.

Poner productos cárnicos en una caja de lombrices puede ser un error. Los olores de la carne en descomposición pueden ser desagradables y se sabe que atraen a ratones y ratas. Pequeñas cantidades cortadas finamente y bien dispersas se digerirán limpiamente. Los huesos se descomponen lentamente en una caja de lombrices. Si se esparcen los restos de lombrices como abono, puede que no resulte atractivo que contenga huesos blanqueados y limpios. Los huesos de pollo son blandos y pueden desaparecer durante el vermicompostaje. Si pudieras moler los huesos antes de enviarlos al contenedor de lombrices, serían una valiosa adición a tu compost. Evite poner en el cajón de las lombrices artículos no biodegradables como plástico, tapas de botellas, gomas, papel de aluminio y vidrio.

No deje que su gato utilice el contenedor de lombrices como caja de arena. El olor de la orina de gato pronto se volvería intolerable mientras que la orina es tan alta en nitrógeno que podría matar a algunas lombrices. Lo más grave es que el estiércol de gato puede transmitir los quistes de un organismo patológico protozoario llamado Toxoplasma gondii, aunque la mayoría de los gatos no son portadores de la enfermedad. Estos parásitos también pueden alojarse en humanos adultos sin que éstos sientan ningún efecto negativo. Sin embargo, transmitido de la madre al feto en desarrollo, el "Toxoplasma gondii" puede causar daños cerebrales. Vas a manipular el contenido de tu contenedor de lombrices y no querrás correr el riesgo de infectarte con estos parásitos.

La mayoría de la gente utiliza algún tipo de tarro de plástico, un bote de yogur de medio galón reciclado, un cartón de leche de papel encerado vacío o algo similar para guardar la basura de la cocina. Los olores se desarrollan cuando comienza la descomposición anaeróbica. Si la cubeta de retención se llena, no la cubras, alimenta a las lombrices.

Es más ordenado añadir la basura en puntos en lugar de mezclarla en todo el cubo. Cuando introduzcas la basura en el contenedor de lombrices, levanta la tapa, retira el lecho con un cultivador manual de tres púas y haz un agujero del tamaño de tu contenedor de basura. Vierta los residuos en ese agujero y cúbralo con unos dos centímetros de lecho. Toda la operación sólo lleva unos minutos. Unos días después, el cubo de compostaje de la cocina estará de nuevo listo. Haz y rellena otro agujero adyacente al primero. Recorre metódicamente la caja de esta manera. Para cuando vuelvas al primer lugar, la basura se habrá vuelto irreconocible, el lugar parecerá contener principalmente restos de lombrices y lecho, y no desprenderá olores muy desagradables cuando se le moleste.

En ocasiones festivas, vacaciones y durante la temporada de conservas es fácil sobrecargar la capacidad digestiva de un contenedor de lombrices. El problema se corregirá por sí solo sin hacer nada, pero es posible que no esté dispuesto a vivir con olores anaeróbicos durante una o dos semanas. Una forma sencilla de acelerar la "curación" de una caja anaeróbica es esponjarla con el cultivador de mano.

Los hogares vegetarianos aumentan mucho la cantidad de residuos orgánicos que generan durante el verano. También lo hacen las personas que enlatan o congelan cuando el jardín está "encendido". Una solución de vermicompostaje para esta sobrecarga estacional es poner en marcha un segundo contenedor de lombrices al aire libre, sólo en verano, en el garaje o en otro lugar con sombra. Appelhof utiliza para ello una vieja bañera galvanizada que gotea. La bañera recibe unos cuantos centímetros de lecho fresco y luego se inocula con un galón de vermicompost activo del contenedor original. La basura extra va dentro todo el verano. Mary dice:

"He utilizado como "anexo al contenedor de lombrices" una vieja bañera galvanizada con fugas, guardada en el exterior cerca del garaje. Durante la temporada de conservas, la pulpa de la uva, las mazorcas de maíz, las hojas de maíz, los recortes de judías y otros residuos de la cosecha de otoño iban al contenedor. Se empapaba cuando llovía y las lombrices se hacían enormes por toda la comida y la humedad. Lo llevamos al interior más o menos en el momento de la primera helada. Las lombrices siguieron trabajando el material hasta que no quedó comida. Después de seis u ocho meses, los únicos restos identificables eran algunas mazorcas de maíz, semillas de calabaza, pieles de tomate y algunas hojas de maíz sin descomponer. El resto era un excelente lote de lombrices y unas pocas lombrices resistentes y desnutridas".

VACACIONES

Irse de casa durante unas semanas no es un problema. Las lombrices simplemente seguirán comiendo la basura que dejen en el cubo. Con el tiempo, su suministro de alimentos disminuirá lo suficiente como para que la población se reduzca. Esto se solucionará por sí mismo tan pronto como empieces a alimentar el cubo de nuevo. Si va a pasar un mes o más sin añadir comida o si la casa va a estar sin calefacción durante un invierno "sabático", deberías dar tus gusanos a un amigo para que los cuide.

MOSCAS DE LA FRUTA

Las moscas de la fruta pueden, en ocasiones, ser un problema muy molesto si mantienes los contenedores de lombrices en tu casa. No estarán presentes todo el tiempo ni en todas las casas en cualquier momento, pero cuando están presentes son una molestia. Las moscas de la fruta no son antihigiénicas, no pican ni buscan a las personas para molestar. Buscan la fruta demasiado madura y la pulpa de la fruta. Normalmente, las moscas de la fruta revolotean alrededor de la fuente de alimento que les interesa. En pleno verano hemos aceptado que unas cuantas compartan nuestra cocina junto con la enorme extensión de tomates maduros y en proceso de maduración que hay sobre la encimera de la cocina. Cuando hacemos zumo fresco "V-7" a demanda a lo largo del día, tienden a congregarse sobre el cubo de descarga del exprimidor que contiene una mezcla de pulpas vegetales. Si su contenedor de lombrices contiene este tipo de materiales, las moscas de la fruta pueden encontrarlo atractivo.

Appelhof sugiere aspirarlas con la manguera de una aspiradora si su número resulta molesto. Las moscas de la fruta son una buena razón para que los teutones de la limpieza hagan vermicompost en el sótano o en el exterior de la casa, si es posible.

Después de que un nuevo contenedor haya estado funcionando durante unas semanas, verás que el lecho se vuelve más oscuro y podrás ver los moldes individuales de las lombrices. Aunque se añada comida de forma constante, el lecho se irá desvaneciendo poco a poco. La descomposición extensiva de la cama por parte de otros pequeños animales y microorganismos del suelo comienza a ser significativa.

A medida que los excrementos de las lombrices se convierten en una mayor proporción del contenedor, las condiciones se deterioran para las lombrices. Finalmente, las lombrices sufren y su número y actividad comienzan a disminuir. Las diferencias en el lecho, la temperatura, la humedad y la composición de la basura de tu cocina controlarán el tiempo que tarde, pero finalmente deberás separar las lombrices de sus excrementos y ponerlas en lecho fresco. Si utiliza el vermicompostaje durante todo el año, probablemente será necesario regenerar la caja cada cuatro meses aproximadamente.

Hay varios métodos para separar las lombrices rojas de sus excrementos.

-La clasificación a mano funciona bien después de que la caja de lombrices se haya dejado escurrir un poco. Las lombrices no se alimentan hasta que han consumido casi todo su alimento y viven en un entorno casi puro de excrementos. A continuación, coloque una lámina gruesa de plástico de al menos un metro cuadrado en el suelo, en el piso o en una mesa y vierta el contenido de la caja de lombrices en ella.

Haz de seis a nueve montones en forma de cono. Verás gusanos por todas partes. Si trabajas en el interior, asegúrate de que haya luz brillante en la habitación. Los gusanos se desplazarán al centro de cada montón. Espera unos cinco minutos y luego raspa delicadamente la superficie de cada montón cónico, uno tras otro.

Cuando termines con el último montón, los gusanos se habrán retirado más y podrás empezar de nuevo con el primer montón.

Repite este procedimiento, raspando gradualmente los yesos hasta que no quede mucho de los montones cónicos. En un tiempo sorprendentemente corto, las lombrices estarán todas retorciéndose en el centro de un pequeño montón de coladas. No es necesario separar completamente las lombrices de todas las coladas. Ahora puede recoger las lombrices y colocarlas en un lecho fresco para empezar de nuevo sin más inconvenientes durante otros cuatro meses. Utiliza el vermicompost en las plantas de la casa, en el jardín, o guárdalo para más adelante.

La clasificación manual es especialmente útil si quieres regalar unos cuantos kilos de lombrices rojas a un amigo.

-Dividir la caja es otro método más sencillo. Basta con retirar unos dos tercios del contenido de la caja y esparcirlo por el jardín. A continuación, rellene la caja con lecho fresco y distribuya el resto de lombrices, excrementos y alimentos que aún quedan en la caja. Quedarán muchas lombrices y capullos de huevos para poblar la caja. Las lombrices que has vertido en el jardín probablemente no sobrevivirán allí.

Un mejor método para dividir la caja evita que se desperdicien tantas lombrices. Todo el contenido de la caja se empuja hacia un lado, dejando entre un tercio y la mitad de la caja vacía. En el lado "nuevo" se colocan lechos nuevos y comida fresca. No se da comida al lado "viejo" durante un mes aproximadamente. Para entonces, prácticamente todos los gusanos habrán migrado al lado "nuevo". Entonces se puede vaciar el lado "viejo" y rellenarlo con lecho fresco.

Los habitantes del norte pueden querer utilizar un contenedor de lombrices sobre todo en invierno, cuando otros métodos de compostaje resultan incómodos o imposibles. En este caso, hay que empezar a alimentar el contenedor en gran medida desde el otoño hasta la primavera y luego dejarlo funcionar sin mucha comida nueva hasta mediados del verano. Para entonces, sólo quedarán unas pocas lombrices vivas en la caja de excrementos. Entonces se pueden separar las lombrices de sus fundiciones, se recarga la caja con lecho y se puede alimentar a las lombrices restantes lo suficiente para que aumenten rápidamente, de modo que en otoño vuelva a haber suficientes para comer toda la basura del invierno.

COMPOSTAJE EN CUBOS DE BASURA

He aquí un sistema de vermicompostaje de gran capacidad para vegetarianos y familias numerosas. Incluso podría tener suficiente capacidad digestiva para los fabricantes de zumos serios. Necesitará dos o tres cubos de basura de 20 a 30 galones, de metal o de plástico. En dos de ellos perfora numerosos agujeros de media pulgada de diámetro de abajo a arriba y también en la tapa. El tercer bote se utiliza como una forma ordenada de guardar la ropa de cama extra seca.

Comience el proceso con unos 25 centímetros de material de lecho húmedo y lombrices en el fondo de la primera lata. Añade la basura en la parte superior sin mezclarla y de vez en cuando espolvorea una fina capa de lecho fresco.

Con el tiempo, el primer bote se llenará, aunque digerirá cientos de galones de basura antes de que eso ocurra. Cuando se llene finalmente, la mayor parte de su contenido será de lombrices acabadas y contendrá pocas o ninguna lombriz. La mayor parte de la actividad restante estará en la superficie, donde hay comida fresca y más aire. Llenar la primera lata puede llevar de seis meses a un año. Entonces, comience la segunda lata transfiriendo los pocos centímetros superiores de la primera, que contiene la mayoría de las lombrices, a unos pocos centímetros de lecho fresco en el fondo de la segunda lata. Yo esperaría otro mes para que las lombrices que quedan en la lata inicial terminen de digerir toda la basura restante. Entonces, tendrás de 25 a 30 galones de lombrices listas para ser usadas como compost.

Pintar el interior de las latas de metal con esmalte ordinario cuando se hayan vaciado prolongará mucho su vida útil. Las cocinas de gran volumen pueden utilizar dos cubos de basura de vermicompostaje a la vez.

INTRODUCCIÓN

Existe una gran confusión en el mundo de la jardinería sobre el compost, la materia orgánica, el humus, el abono y su papel en la fertilidad del suelo, la salud de las plantas, la salud de los animales, la salud humana y el éxito de la jardinería. Algunas autoridades parecen recomendar la mayor cantidad posible de estiércol o compost. La mayoría muestra una preocupación inadecuada por su calidad. Los libros publicados por una gran empresa petroquímica reconocen correctamente que la materia orgánica del suelo es importante, pero dan directrices bastante vagas sobre la cantidad, mientras que se centran en los fertilizantes químicos. Los jardineros orgánicos denigran los productos químicos como si fueran del diablo y, como J.I. Rodale en _El frente orgánico, aconsejan:

"¿Es práctico llevar un jardín exclusivamente con el uso de compost, sin la ayuda de los llamados fertilizantes químicos o artificiales? La respuesta no sólo es sí, sino que en tal caso se obtendrán las mejores verduras que se puedan obtener, verduras aptas para adornar la mesa del gourmet más exigente".

Desde la década de 1950, un laboratorio financiado por el gobierno en la Universidad de Cornell ha producido estudios seriamente defectuosos que "prueban" que los alimentos criados con productos químicos son tan o más nutritivos que los cultivados orgánicamente. La inversión del gobierno en "investigación científica" se hizo para contrarrestar las inquietantes (para varios grupos de interés económico) afirmaciones nutricionales y de salud que el movimiento de la agricultura orgánica había estado haciendo. Por ejemplo, en "The Living Soil", Lady Eve Balfour observó:

"He llevado una vida sana en el campo prácticamente toda mi vida, y durante los últimos 25 años me he dedicado activamente a la agricultura. Soy físicamente robusta y nunca he sufrido una enfermedad grave, pero hasta 1938 rara vez me libraba en invierno de algún tipo de reumatismo, y de noviembre a abril sufría invariablemente una continua sucesión de resfriados. Empecé a hacer abono con el método de Howard utilizándolo primero en las verduras para el consumo casero.... Ese invierno no tuve ningún resfriado y casi por primera vez en mi vida estuve libre de dolores reumáticos incluso en periodos prolongados de tiempo húmedo."

Cincuenta años más tarde, sigue existiendo una disputa intensamente polarizada sobre la forma correcta de cultivar el huerto y la granja. Las personas que se sienten cómodas discrepando de la Autoridad y que creen que hay una fuerte conexión entre la fertilidad del suelo y la consiguiente salud de las plantas, los animales y los seres humanos que viven en ese suelo tienden a ponerse del lado del bando orgánico. Las personas que se consideran "prácticas" o científicas tienden a ponerse del lado de los agrónomos convencionales y consideran que la agricultura química es el único método que puede producir lo suficiente para permitir la existencia de la civilización industrial. Durante muchos años he estado confundido por todo esto. ¿Usted también lo ha estado? ¿O has tomado una posición en esta controversia y crees que no necesitas más información? Una vez pensé que el campo orgánico tenía todas las respuestas correctas, pero años de explicar el manejo del suelo en libros de jardinería me hicieron reconsiderar y volver a reconsiderar preguntas como "¿por qué es tan importante la materia orgánica en el suelo?" y "¿cuánto y qué tipo necesitamos?" Descubrí que estos temas aún necesitaban respuestas más claras. Este libro intenta dar esas respuestas y deja de lado la ideología.

¿Cómo empezó toda esta irresoluble controversia sobre algo que debería ser científicamente obvio? Hacia 1900, los "expertos" animaban cada vez más a los agricultores a utilizar fertilizantes químicos y a descuidar el abono y el compostaje por considerarlos poco rentables e innecesarios. En aquella época, este consejo parecía práctico porque los productos químicos aumentaban enormemente los rendimientos y los beneficios, mientras que la química más la maquinaria agrícola motorizada menos el ganado aliviaban enormemente la carga de trabajo del agricultor, permitiéndole abandonar la producción de cultivos forrajeros de bajo valor y concentrarse en los cultivos comerciales de mayor valor.

Después de la Primera Guerra Mundial empezaron a aparecer nuevos y desconcertantes problemas agrícolas: enfermedades, insectos y pérdida de vigor de las semillas. Estas dificultades no parecían estar obviamente relacionadas con la agricultura industrial, con el abandono de la ganadería, el abono, el compostaje y la dependencia de la química. Los agricultores con problemas se veían a sí mismos como víctimas inocentes de la casualidad, que necesitaban contratar al fitoquímico de la misma manera que los enfermos son alentados por los médicos a verse como víctimas, que son totalmente irresponsables por crear su condición e incapaces de curarla sin una intervención médica costosa y peligrosa.

La agricultura se realizaba de forma holística desde antes de la época romana. Las granjas incluían inevitablemente ganado, y el estiércol animal o el abono hecho con estiércol o abonos verdes eran los principales sustentadores de la fertilidad del suelo. En 1900, los suelos agrícolas productivos aún contenían grandes reservas de humus procedentes de milenios de abono. Mientras el humus esté presente en cantidad, pequeñas y asequibles cantidades de productos químicos estimulan realmente el crecimiento, aumentan el rendimiento y elevan los beneficios. Y la salud de las plantas no se resiente ni las enfermedades e insectos se convierten en plagas. Sin embargo, el humus no es un material permanente y se descompone gradualmente. La eliminación del abono reduce constantemente los niveles de humus y, por consiguiente, la vida en el suelo. Y (como se explicará un poco más adelante) los fertilizantes ricos en nitrógeno aceleran la pérdida de humus.

Con la disminución de la materia orgánica, se desarrollaron gradualmente nuevos problemas con la salud de las plantas y los animales, mientras que la depredación de los insectos empeoró y los beneficios disminuyeron porque los suelos que disminuyen el humus necesitan cantidades cada vez mayores de fertilizantes para mantener los rendimientos. Estos cambios se desarrollaron de forma gradual y errática, y hubo un largo desfase entre la primera dependencia de los productos químicos, la consiguiente adicción al suelo y el aumento constante de los problemas agrícolas. Una nueva alianza de expertos científicos, universidades e intereses de la agroindustria tenía razones de interés para identificar otras causas, además de la pérdida de humus del suelo, para los nuevos problemas. Así, la atención del agricultor, cada vez más preocupada, se centró en la lucha contra las enfermedades de las plantas y los animales y los insectos con nuevos y mejores productos químicos.

Al igual que los animales de granja, la salud humana también responde a la fertilidad del suelo. La agricultura industrial redujo constantemente la calidad nutricional media de los alimentos y aumentó gradualmente la degeneración humana, pero estos efectos quedaron enmascarados por un aumento estadístico de la vida humana debido a la mejora de la sanidad pública, las vacunas y, a partir de los años 30, los primeros antibióticos. Como estadísticas, vivíamos más tiempo, pero como individuos, nos sentíamos más pobres. En realidad, la mayor parte del aumento estadístico de la esperanza de vida procede de los niños que ahora sobreviven a las enfermedades infantiles. Yo sostengo que las personas que llegaban a los siete años hace un siglo tenían una posibilidad más o menos igual a la nuestra, de sobrevivir más allá de los setenta años con una mayor probabilidad de sentirse bien en la mediana y la tercera edad.

La gente tiene poca memoria y tiende a pensar que las cosas siempre fueron como son en el presente. Los aumentos lentos pero continuos de enfermedades relacionadas con la nutrición, como la caries, las enfermedades periodontales, la diabetes, las enfermedades cardíacas, los defectos de nacimiento, el retraso mental, la drogadicción o el cáncer, no suelen considerarse un problema "nuevo", mientras que las sutiles reducciones de la sensación de bienestar pasan desapercibidas.

Durante la década de 1930, varias personas previsoras empezaron a preocuparse por las responsabilidades sociales de la agricultura dependiente de los productos químicos. Los doctores Robert McCarrison y Weston Price dirigieron sus preocupaciones a otros profesionales de la salud. Rudolf Steiner, al observar que el deterioro de la salud humana impedía a sus discípulos alcanzar una mejora espiritual, inició el movimiento de la agricultura biodinámica suave. Los principales seguidores de Steiner de habla inglesa, Pfeiffer y Koepf, escribieron mucho y bien sobre la agricultura biológica y la jardinería.

El profesor William Albrecht, presidente del Departamento de Suelos de la Universidad de Missouri, trató de ayudar a los agricultores a criar un ganado más sano e hizo conexiones no emocionales pero muy explícitas entre la fertilidad del suelo, la salud animal y la humana. Cualquier jardinero serio o persona interesada en la salud y la medicina preventiva encontrará que vale la pena leer los libros de todos estos individuos únicos.

Dudo que los escritos y las conferencias de cualquiera de estas personas hayan provocado una controversia tan agria como la lucha intensamente ideológica que se desarrolló entre el movimiento de jardinería y agricultura orgánica y el establecimiento de la agroindustria. Esto fue obra de dos hombres enérgicos y muy puritanos: Sir Albert Howard y su discípulo estadounidense, J.I. Rodale.

La crítica de Howard se basaba correctamente en las observaciones sobre la mejora de la salud animal y humana como resultado del uso de compost para aumentar la fertilidad del suelo. Probablemente concluyendo que la débil condición ética del agricultor medio sería incapaz de resistirse a los atractivos aparentemente rentables de los productos químicos a menos que su sentido moral fuera ultrajado, Howard emprendió una cruzada casi religiosa contra los males de los fertilizantes químicos. Obsérvese la poderosa carga emocional que conlleva este breve extracto de _El suelo y la salud_ de Howard

"Los fertilizantes artificiales conducen a una nutrición artificial, a animales artificiales y finalmente a hombres y mujeres artificiales".

¿Quieres ser "artificial"? El polémico _Frente orgánico_ de Rodale hace que los lectores se sientan moralmente deficientes si no están de acuerdo con la importancia vital de reciclar la materia orgánica.

"Los chinos no utilizan fertilizantes químicos. Devuelven a la tierra toda la materia orgánica que encuentran. En China, si se quema un campo o un montón de basura vegetal, se le castiga severamente. Hay muchas historias fantásticas sobre los extremos a los que llegan los chinos para conseguir materia excremental humana. Un viajero me contó que, mientras estaba en el retrete de un hotel de Shanghai, dos hombres le esperaban fuera para entrar a toda prisa y hacerse con el material".

Tal vez tú también debas ser severamente castigado por desperdiciar tu materia orgánica personal.

Rodale comenzó a hacer proselitismo del movimiento orgánico hacia 1942. Con una intensidad propia de los ideólogos, atacó a las empresas químicas, atacó a los fertilizantes químicos, atacó a los pesticidas químicos y atacó al establecimiento agrícola científico. Con una limitada educación técnica a sus espaldas, el bienintencionado Rodale a veces hacía afirmaciones exageradas, escribía simplificaciones excesivas como si fueran ciencia y pronunciaba absurdos científicos como si fueran hechos. Y atacó,

atacó, atacó todo a lo largo de un amplio frente orgánico. Así que los objetos de sus ataques se defendían, se defendían, se defendían.

Se generó una gran confusión a partir de las contradicciones entre las posiciones santurronas y a veces científicamente vagas de Rodale y las divertidas defensas de la engreída comunidad científica. El libro "Chemicals, Humus and the Soil" de Donald Hopkins es la mejor, más humana y emocionalmente generosa defensa contra el extremismo de Rodale. Hopkins ridiculiza muchos principios orgánicos sin dejar de defender el papel vital del humus. Cualquiera que se considere partidario de la agricultura y la jardinería ecológicas debería primero desenterrar este viejo libro, ya agotado, y aceptar los argumentos de Hopkins.

Las hostilidades entre lo orgánico y lo establecido continuaron sin cesar durante muchos años. Tras la muerte de su padre, el hijo de Rodale y heredero del imperio editorial, Robert, empezó a darse cuenta de que había un término medio sensato. Sin embargo, supongo que Robert Rodale percibió que comunicar un mensaje menos ideológico era un problema: la mayoría de los lectores de la revista _Organic Gardening and Farming_ y los compradores de libros de jardinería ecológica publicados por Rodale Press no estaban abiertos a la ambigüedad.

Veo a los jardineros ecológicos en gran medida como ejemplos del puritanismo americano que quieren poseer un sistema claro y sencillo de verdades con mayúsculas, que no admite excepciones y no tiene complicaciones ni zonas grises. "Orgánico" como movimiento había llegado a ser definido por las publicaciones Rodale como el cultivo de alimentos mediante el uso de una lista aprobada de sustancias que se consideraban buenas y virtuosas, mientras que se evitaba otra lista que parecía ser considerada "del diablo", similar a los alimentos kosher y no kosher en la religión judía ortodoxa. Y al igual que otros puritanos, los fieles orgánicos podían considerarse seres humanos superiores.

Pero otros reformistas agrícolas han comprendido que _hay_ zonas grises: que los productos químicos no son todos malos o todos buenos y que se pueden aplicar otras normas sanas y holísticas para decidir cuál es la mejor manera de cultivar. Estas personas empezaron a hablar de nuevos métodos agrícolas como la Gestión Integrada de Plagas [IPM] o la Agricultura Sostenible de Bajos Insumos [LISA], sistemas que permitían un uso mínimo de la química sin abandonar el enfoque de la importancia vital de la materia orgánica del suelo.

Supongo que hace algunos años, Bob Rodale llegó a ver la verdad de esto, lo que le planteó un problema: no quería amenazar una fuente importante de apoyo político y financiero. Así que separó la "agricultura" de la revista Organic Gardening and Farming y comenzó dos nuevas publicaciones, una de ellas llamada "The New Farm" donde, a salvo de los ojos menos educados y poco sofisticados, podía discutir pequeñas alteraciones en la fe orgánica sin molestar a los lectores de Organic Gardening.

LAS CONFUSIONES DE HOY

He ofrecido esta breve interpretación del movimiento de la jardinería y la agricultura orgánica principalmente para los jardineros que, como yo, aprendieron lo básico en Rodale Press. Aquellos que no desechen este libro herético con disgusto, sino que lo terminen, saldrán con una comprensión más amplia y científica del papel vital de la materia orgánica, con cierta certeza sobre la cantidad de compost que realmente hay que hacer y utilizar, y el papel que tanto el compost como los fertilizantes pueden tener en la creación y el mantenimiento del nivel de fertilidad del suelo necesario para cultivar un gran huerto.

EL HUMUS Y LA PRODUCTIVIDAD DEL SUELO

Los libros sobre hidroponía suenan plausibles. Eso es, hasta que realmente vea los resultados. Las plantas cultivadas en soluciones de nutrientes químicos pueden ser enormes, pero parecen un poco "apagadas". Enfermas y débiles de alguna manera. Sin un suelo vivo, las plantas no pueden estar totalmente sanas ni crecer tan bien como podrían.

Al centrarse en aumentar y maximizar la vida del suelo en lugar de añadir fertilidad química, los agricultores ecológicos pueden cultivar excelentes cereales y forrajes. En los suelos más ricos, pueden incluso hacerlo durante generaciones, incluso durante milenios, sin necesidad de traer nutrientes vegetales de otros lugares. Si se envía poco o ningún producto fuera de la granja, este enfoque de subsistencia puede ser un sistema agrícola permanente. Pero incluso con una ecología saludable, pocos suelos son lo suficientemente fértiles por sí mismos como para permitir la exportación continua de sus recursos minerales mediante la venta de las cosechas en el mercado.

Demos un paso más. Los cereales proceden en su mayoría de hierbas resistentes, mientras que otros cultivos de campo tienen capacidades similares para prosperar mientras se les ofrecen niveles relativamente bajos de nutrientes. Con una buena gestión, los suelos fértiles son capaces de presentar estos niveles nutricionales más bajos a las plantas en crecimiento sin necesidad de enmendarlos o fortificarlos con fuentes de nutrientes potentes y concentrados. Pero la mayoría de las hortalizas exigen niveles de apoyo mucho más altos. Pocos suelos, incluso los fértiles que nunca se han cultivado, pueden cultivar hortalizas sin necesidad de mejorarlos. Los agricultores y jardineros deben aumentar la fertilidad de forma significativa si quieren cultivar grandes hortalizas. Las decisiones que tomen al hacerlo pueden tener un fuerte efecto, no sólo en su éxito o fracaso inmediato, sino en la calidad nutricional real de los alimentos que producen.

CÓMO BENEFICIA EL HUMUS AL SUELO

Las raíces de las plantas, los animales del suelo y la mayoría de los microorganismos del suelo necesitan respirar oxígeno. Al igual que otros quemadores de oxígeno, expulsan dióxido de carbono. Para que todos ellos crezcan bien y estén sanos, la tierra debe permanecer abierta, permitiendo que el aire entre y salga libremente. De lo contrario, el dióxido de carbono se acumula hasta alcanzar niveles tóxicos. Imagínese que se asfixia con una bolsa de plástico atada al cuello. Sería más o menos lo mismo para una raíz que intenta vivir en un suelo compactado.

Un suelo formado únicamente por partículas de roca tiende a no tener aire. Un científico diría que tiene una alta densidad aparente o que carece de espacio poroso. Sólo los suelos arenosos gruesos permanecen ligeros y abiertos sin materia orgánica. Pocos suelos están formados sólo por arena gruesa, la mayoría son mezclas de arena, limo y arcilla. Las arenas son partículas de roca de bordes afilados y relativamente grandes, similares a la sal de mesa o al azúcar blanco refinado. Los bordes irregulares mantienen separadas las partículas de arena y permiten la libre circulación del aire y la humedad.

El limo se forma a partir de la arena que se ha erosionado hasta alcanzar tamaños mucho más pequeños, similares a los del azúcar en polvo o los polvos de talco. A través de una lente de aumento, los bordes de las partículas de limo parecen redondeados porque los ácidos débiles del suelo los han disuelto. Una cantidad importante del contenido de nutrientes de estas partículas de roca descompuesta se ha convertido en alimento para las plantas o en arcilla. Las partículas de limo pueden compactarse fuertemente, dejando poco espacio para el aire.

Cuando los ácidos del suelo descomponen los limos, las partes menos solubles se recombinan en cristales de arcilla. Las partículas de arcilla son mucho más pequeñas que los granos de limo. Se necesita un microscopio electrónico para ver las estructuras planas y en capas de las moléculas de arcilla. Los esquistos y las pizarras son rocas formadas por el calentamiento y la compresión de la arcilla. Sus planos de fractura estratificados imitan las moléculas de las que están hechas. La arcilla pura es pesada, sin aire y un medio muy pobre para el crecimiento de las plantas.

Los suelos sin humus que son mezclas de arena, limo y arcilla pueden llegar a estar extremadamente compactados y sin aire porque las partículas de limo y arcilla más pequeñas se tamizan entre los trozos de arena más grandes y llenan densamente todos los espacios porosos. Estos suelos también pueden formar costras muy duras que resisten la infiltración del aire, la lluvia o el agua de riego e impiden la aparición de las plántulas. Las costras superficiales se forman exactamente de la misma manera que el acabado del hormigón.

¿Ha visto alguna vez a un instalador pavimentar una losa de hormigón? Primero, se alisan las tablas y, después, se pasan grandes llanas de un lado a otro sobre el hormigón líquido. El movimiento separa los pequeños trozos de arena fina y cemento de los trozos más densos de grava. Los "finos" suben a la superficie, donde se friccionan hasta formar una fina piel lisa. Lo mismo ocurre cuando se llueve sobre un suelo sin humus o se riega con aspersores que emiten un chorro grueso y pesado. Las gotas golpean el suelo, separando mecánicamente los "finos" más ligeros (en este caso limo y arcilla) de las partículas más grandes y densas. Las partículas de arena se hunden, las finas suben y se secan formando una costra dura e impenetrable.

La materia orgánica que se descompone en el suelo abre y afloja la tierra y la hace mucho más acogedora para el crecimiento de las plantas. Sus beneficios son tanto directos como indirectos. La materia orgánica en descomposición actúa mecánicamente como esponjas elásticas que reducen la compactación. Sin embargo, la descomposición es rápida y pronto este material y su efecto prácticamente desaparecen. Puedes crear fácilmente este tipo de resultado temporal echando una espesa capa de musgo de turba en un suelo pobre.

Los microorganismos y las lombrices de tierra, cuya actividad hace que las partículas de arena, limo y arcilla se adhieran fuertemente entre sí y formen grandes granos de forma irregular llamados "agregados" o "migas" que se resisten a romperse, crean una mejora del suelo más significativa y duradera. Una estructura de migas bien desarrollada confiere al suelo un conjunto de cualidades que los agricultores y jardineros denominan con gusto "buena tierra". La diferencia entre un buen suelo y uno malo es como la noche y el día para alguien que trabaja la tierra. Por ejemplo, si se labra la tierra sin aglomerar en un lecho de siembra esponjoso, la primera vez que se riega, llueve o se pisa se desploma hasta convertirse en una masa sin aire y probablemente también desarrolle una costra dura. Sin embargo, un suelo con una buena textura permitirá múltiples riegos y un buen número de pisadas sin que se compacte o forme una costra.

Las migas se desarrollan como resultado de dos procesos similares e interrelacionados. Las lombrices de tierra y otros animales del suelo forman migas de humus estables a medida que la tierra, la arcilla y la materia orgánica en descomposición pasan por sus sistemas digestivos. Los microorganismos del suelo de vida libre también forman migas. A medida que comen materia orgánica, segregan limos y gomas que cementan firmemente las partículas finas del suelo en agregados duraderos.

Cada vez que conduzco por el campo, observo con tristeza lo que ocurre cuando los agricultores permiten que la materia orgánica del suelo se agote. El color del suelo que debería ser oscuro cambia a claro porque las partículas minerales en sí suelen ser de color claro o rojizo; el rico tono negro o castaño que puede adquirir el suelo es la materia orgánica. Los charcos se forman cuando llueve con fuerza en campos perfectamente planos y sin humus, y pueden permanecer durante horas o días, expulsando todo el aire del suelo, ahogando a las lombrices y sofocando las raíces de los cultivos. En los campos en pendiente, el agua se escurre en lugar de filtrarse. La evidencia de esto se puede ver en los arroyos fangosos y, en casos más graves, en los pequeños arroyos o minigrullas que atraviesan el campo, causados por el rápido movimiento del agua que barre las partículas del suelo de la superficie encostrada cuando sale del campo.

Más tarde, los agricultores se quejarán de la sequía o la infertilidad y tratarán de apoyar sus cultivos con el riego y los productos químicos. En realidad, si toda el agua que ha caído en el campo se ha filtrado en la tierra, los cultivos probablemente no habrían sufrido en absoluto, ni siquiera en periodos prolongados sin lluvia. Estos mismos campos sin humus pierden mucho más suelo en forma de nubes de polvo cuando se labran en estado seco.

La mayor parte de la erosión del suelo agrícola se debe a que no se mantienen los niveles necesarios de humus. Como nación, Estados Unidos está perdiendo sus mejores tierras de cultivo a un ritmo insostenible. Ninguna civilización de la historia ha sobrevivido a la pérdida de sus mejores tierras de cultivo. Antes de que la tecnología industrial pusiera miles de veces más fuerza en manos del agricultor, los seres humanos todavía se las arreglaban para hacer un semidesierto empobrecido de cada región civilizada en 1.000-1.500 años. Esta triste historia se cuenta en el fascinante, pero perturbador, libro de Carter y Dale titulado "La tierra y la civilización" que, en mi opinión, debería ser leído por toda persona reflexiva. A menos que modifiquemos de forma significativa nuestros métodos agrícolas "mejorados", probablemente le ocurrirá lo mismo a Estados Unidos dentro de uno o dos siglos.

EL PAPEL DE LA LOMBRIZ EN LA FERTILIDAD DEL SUELO

La fertilidad del suelo se ha medido de diferentes maneras. Howard insistió repetidamente en que el único buen criterio era el contenido de humus. Otros están tan impresionados por las funciones esenciales de la lombriz de tierra que cuentan las lombrices por acre y dicen que este número mide la fertilidad del suelo. Las dos normas de evaluación están estrechamente relacionadas.

Cuando están activas, algunas especies de lombrices de tierra comen diariamente una cantidad de tierra igual a su propio peso corporal. Después de pasar por el intestino de la lombriz, esta tierra ha sido alterada químicamente. Los minerales, especialmente el fósforo, que tiende a quedar encerrado en forma de fosfato cálcico insoluble y, por tanto, no disponible para las plantas, se vuelven solubles en el intestino de la lombriz y, por tanto, están disponibles para nutrir a las plantas en crecimiento. Y el nitrógeno, indisponible en la materia orgánica, se transforma en nitrógeno nítrico soluble. De hecho, en comparación con el suelo circundante, los excrementos de lombriz son cinco veces más ricos en nitrógeno nítrico; dos veces más ricos en calcio soluble; contienen dos veces y media más magnesio disponible; son siete veces más ricos en fósforo disponible, y ofrecen a las plantas once veces más potasio. Las lombrices de tierra son igualmente capaces de poner a disposición los minerales traza.

Los excrementos de lombriz altamente fértiles pueden suponer una gran proporción de toda la masa del suelo. Cuando el suelo está lo suficientemente húmedo y fresco como para favorecer la actividad de las lombrices, se produce una media de 700 libras de lombrices por acre cada día. A lo largo de un año, en el húmedo este de Estados Unidos, se pueden generar 100.000 libras de lombrices altamente fértiles por acre. ¡Imagínese! Eso es como 50 toneladas de fertilizante de baja calidad por acre y año, que contiene más NPK, Ca, Mg, etc., que los agricultores aplican para cultivar cereales como el trigo, el maíz o la soja. Un nivel de fertilidad que permita cultivar trigo no es suficiente para cultivar hortalizas, pero las lombrices de tierra pueden hacer una gran contribución al jardín.

A los 28 años, Charles Darwin presentó "Sobre la formación del moho" ante la Sociedad Geológica de Londres. Esta conferencia ilustró el asombroso efecto de batido de la lombriz de tierra en el suelo. Darwin observó unos trozos de cal que habían quedado en la superficie de un prado. Unos años más tarde se encontraron a varios centímetros de la superficie. Darwin dijo que esto era obra de las lombrices de tierra, que depositaban los excrementos que "tarde o temprano se extienden y cubren cualquier objeto dejado en la superficie". En un libro posterior, Darwin dijo,

"El arado es uno de los más antiguos y más valiosos inventos del hombre; pero mucho antes de que él existiera, la tierra era de hecho arada regularmente y todavía continúa siendo arada así por las lombrices de tierra. Se puede dudar de que haya otros animales que hayan desempeñado un papel tan importante en la historia del mundo como estas humildes criaturas organizadas".

Las lombrices de tierra también evitan la escorrentía. Aumentan la percolación del agua en los suelos de textura fina creando un complejo sistema de canales o túneles interconectados en la capa superior del suelo. En un estudio, el suelo sin lombrices tenía una tasa de absorción de 0,2 pulgadas de lluvia por minuto. Se añadieron lombrices de tierra y se dejó que trabajaran en esa muestra de suelo durante un mes. Entonces, la tasa de infiltración aumentó a 0,9 pulgadas de lluvia por minuto. Gran parte de lo que sabemos sobre las lombrices de tierra se debe al Dr. Henry Hopp, que trabajó para el Departamento de Agricultura de Estados Unidos durante la década de 1940. El interesante folleto del Dr. Hopp, "Lo que todo jardinero debe saber sobre las lombrices de tierra" todavía está en imprenta. En un proyecto de investigación de Hopp, se colocó tierra arcillosa muy deteriorada en seis grandes macetas. No se hizo nada en un par de macetas de control, se mezcló fertilizante y se cultivó césped en otras dos, mientras que se esparció mantillo en otras dos. A continuación, se añadieron lombrices a uno de cada par de macetas. En poco tiempo, todas las lombrices añadidas a la maceta no mejorada estaban muertas. No había nada en ese suelo para alimentarlas. El césped por sí solo aumentaba la percolación, pero cuando el césped o el mantillo alimentaban una población de lombrices, la infiltración del agua era mucho mejor.

La mayoría de las personas que consideran honestamente estos hechos concluyen que las actividades de la lombriz de tierra son un factor importante en la productividad del suelo. Un estudio tras otro ha demostrado que la calidad y el rendimiento de los pastos están directamente relacionados con su número de lombrices. Por lo tanto, parece razonable evaluar las prácticas de gestión del suelo por su efecto en el número de lombrices.

Las poblaciones de lombrices varían enormemente según el clima y la fertilidad del suelo. Las lombrices de tierra necesitan humedad; en los desiertos se encuentran pocas o ninguna. Los suelos altamente mineralizados que producen mucha biomasa tendrán naturalmente más lombrices que los suelos infértiles carentes de humus. El Dr. Hopp estudió las poblaciones de lombrices en varios suelos agrícolas. La siguiente tabla muestra lo que un jardinero podría esperar encontrar en su propio jardín al contrastar muestras de suelos ricos y pobres. Los datos también sugieren una pauta de cómo podrían incrementarse útilmente las poblaciones de lombrices añadiendo materia orgánica. Las lombrices se contaron en su pico de población estacional examinando cuidadosamente una sección de suelo de exactamente un pie cuadrado por siete pulgadas de profundidad. Si piensa hacer un censo en su propio jardín, tenga en cuenta que el recuento de lombrices de tierra será mayor en primavera.

Las lombrices de tierra se ven inhibidas por los suelos ácidos y/o los suelos deficientes en calcio. Las poblaciones de lombrices son mucho mayores en los suelos que se desprenden de las rocas calizas subyacentes. En un experimento, los recuentos de lombrices de tierra en un pasto pasaron de 51.000 por acre en un suelo ácido a 441.000 por acre dos años después de esparcir cal y un fertilizante químico no acidificante. Rodale y Howard sostuvieron en voz alta y repetidamente que los fertilizantes químicos diezman las poblaciones de lombrices de tierra. Arrastrados por lo que considero una cruzada farisaica contra la agricultura química, incluyeron todos los fertilizantes en esta categoría por razones tácticas.

Howard denigró especialmente el sulfato de amoníaco y el superfosfato simple como venenos para las lombrices. Ambos fertilizantes químicos se fabrican con ácido sulfúrico y tienen una potente reacción de acidificación cuando se disuelven en el suelo. Rodale señaló correctamente que los cuidadores de los campos de golf utilizan aplicaciones repetidas de sulfato de amonio para eliminar las lombrices de los putting greens. (Los pequeños montículos de lombrices hechos por las orugas nocturnas arruinan la superficie perfectamente lisa de los greens, por lo que estas lombrices son la perdición de los cuidadores de los greens). Sin embargo, el sulfato de amonio no elimina o reduce las lombrices cuando el suelo contiene grandes cantidades de tiza u otras formas de calcio que contrarrestan la acidez.

La verdad es que las lombrices se alimentan de materia orgánica en descomposición y cualquier enmienda del suelo que aumente el crecimiento de las plantas sin acidificar el suelo aumentará el suministro de alimentos de las lombrices y, por tanto, su población. El uso de la cal como antídoto de los fertilizantes ácidos evita que el suelo se vuelva inhóspito para las lombrices. Y muchos fertilizantes químicos no provocan reacciones ácidas. El movimiento orgánico pierde este asalto, pero no la batalla. Y desde luego no la guerra.

El suministro de alimentos determina principalmente la población de lombrices de tierra. Para aumentar su número sólo es necesario aportar más materia orgánica o añadir nutrientes vegetales que hagan crecer más vegetación en el lugar. En un estudio, el simple hecho de devolver el estiércol resultante del heno retirado de un pasto aumentó las lombrices de tierra en un tercio. Añadir cal y superfosfato a ese estiércol supuso una mejora adicional de otro 33%. Cada vez que se añade compost a un jardín, aumenta la capacidad del suelo para albergar lombrices.

Algunos aficionados a las lombrices demasiado entusiastas creen que es útil importar grandes cantidades de lombrices. Yo no estoy de acuerdo. Estos mismos individuos interesados tienden a criar y vender lombrices. Si la variedad que se ofrece es la Eisenia foetida, la lombriz de marca, la lombriz roja o la lombriz del estiércol que se utiliza en el vermicompostaje, añadirlas a la tierra es una completa pérdida de dinero. Esta especie no sobrevive bien en el suelo ordinario y sólo puede reproducirse en gran número en el estiércol en descomposición o en otros residuos orgánicos proteicos con una baja relación C/N. Todas las especies de lombrices se reproducen prolíficamente. Si hay alguna lombriz deseable presente en el suelo, su población pronto se ajustará al suministro de alimento disponible y a las condiciones del suelo. La forma de aumentar las poblaciones de lombrices es incrementar la materia orgánica, aumentar la fertilidad mineral y eliminar la acidez.

Las lombrices de tierra y sus actividades beneficiosas se pasan por alto fácilmente y se dejan fuera de nuestras consideraciones sobre la técnica de jardinería adecuada. Pero entender su ciclo de reproducción permite a los jardineros ayudar fácilmente a los esfuerzos de las lombrices por multiplicarse. En los climas templados, las lombrices jóvenes salen del cascarón en otoño, cuando el suelo se enfría y los niveles de humedad son altos. Mientras el suelo no esté demasiado frío, se alimentan activamente y crecen. A principios de la primavera, estas jóvenes lombrices están ocupadas poniendo huevos. Con el calor del verano, el suelo se calienta y se seca. Aunque el jardinero riegue, las lombrices de tierra se vuelven naturalmente menos activas. Siguen poniendo algunos huevos, pero muchas lombrices maduras mueren. En pleno verano, las pocas lombrices que se encuentren serán pequeñas y jóvenes. Los huevos no eclosionados son abundantes pero no se notan fácilmente con una inspección casual, por lo que los jardineros pueden pensar erróneamente que tienen pocas lombrices y pueden preocuparse por cómo aumentar sus poblaciones. Con el otoño, el ciclo poblacional comienza de nuevo.

El manejo del suelo puede alterar en gran medida las poblaciones de lombrices. Sin embargo, el manejo del campo durante el verano sólo tiene un ligero efecto. El laboreo de primavera y verano mata algunas lombrices, pero no daña los huevos. Con el acolchado, el suelo puede mantenerse más fresco y más favorable a las actividades de las lombrices durante el verano, mientras que las capas superficiales se mantienen más húmedas. El riego también ayuda. Hacer estas cosas permitirá al jardinero la dudosa satisfacción de ver algunas lombrices más durante la temporada principal de jardinería. Sin embargo, se supone que el suelo se vuelve inhóspito, caliente y seco durante el verano (a vista de lombriz) y no tiene mucho sentido esforzarse por mantener grandes poblaciones de lombrices durante esa parte del año. Por desgracia, el verano es cuando los jardineros prestan más atención al suelo.

Las lombrices mantienen su población durante todo el año pasando el invierno y luego poniendo huevos que eclosionan a finales de la temporada de cultivo. El mayor daño a la multiplicación de las lombrices se produce al exponer la tierra desnuda durante el invierno. La actividad de las lombrices debería ser máxima durante el tiempo frío. Aunque las lombrices pasan inadvertidamente mucha tierra a través de sus cuerpos cuando hacen túneles, la tierra no es su alimento. Las lombrices de jardín y las nocturnas suben intencionadamente a la superficie para alimentarse. Consumen la vegetación en descomposición que se encuentra en la superficie. Sin este suministro de alimentos se mueren. Y en los inviernos del norte, las lombrices deben ser protegidas de las temperaturas heladas repentinas mientras se "endurecen" y se adaptan a sobrevivir en un suelo casi congelado. Bajo el césped o cuando están protegidas por un mantillo aislante o una capa de restos orgánicos, la temperatura del suelo desciende gradualmente a medida que llega el invierno.

Pero uno o dos primeros días de frío invernal pueden congelar el suelo desnudo y acabar con todo un campo lleno de lombrices antes de que tengan la oportunidad de adaptarse.

Casi cualquier tipo de cobertura del suelo mejorará la supervivencia en invierno. Una capa de compost, estiércol, paja o un cultivo de cobertura de ballico bien cultivado, incluso un mantillo fino de recortes de hierba o malas hierbas puede servir como la fuente de alimento que necesitan las lombrices. El Dr. Hopp afirma que la tierra puede mejorar mucho con sólo ayudar a las lombrices durante un solo invierno.

Los jardineros pueden apoyar eficazmente a la lombriz común sin hacer grandes alteraciones en la forma en que manejamos nuestro suelo. Desde el punto de vista de las lombrices, tal vez la mejor manera de reciclar las hojas de otoño es labrarlas muy superficialmente sobre el jardín para que sirvan de aislamiento y a la vez se mezclen con suficiente tierra para que se acelere la descomposición. Tal vez sea mejor posponer la limpieza a fondo del jardín hasta la primavera, dejando una cantidad importante de vegetación en descomposición sobre el suelo. (Por supuesto, querrá retirar y compostar cualquier material vegetal enfermo o especies que puedan albergar plagas durante el invierno). El mejor momento para aplicar el compost al suelo labrado puede ser también durante el otoño y la mejor manera es como aderezo encima de un mantillo de hojas porque el compost también acelerará la descomposición de las hojas. Esto se denomina "compostaje en hojas" y se analizará en detalle en breve.

Algunos plaguicidas aprobados para uso general pueden dañar gravemente a las lombrices de tierra. El carbaril (Sevin), uno de los plaguicidas químicos más utilizados en los jardines domésticos, es mortal para las lombrices de tierra incluso a niveles bajos. El malatión es moderadamente tóxico para las lombrices. El diazinón no ha demostrado ser en absoluto perjudicial para las lombrices de tierra cuando se utiliza en dosis normales.

El hecho de que un plaguicida proceda de una fuente natural y esté aprobado para su uso en cultivos etiquetados como "de cultivo ecológico" no garantiza que no sea venenoso para los mamíferos o altamente tóxico para las lombrices de tierra. Por ejemplo, la rotenona, un insecticida derivado de una raíz tropical llamada derris, es tan venenosa para los humanos como los pesticidas químicos organofosforados. Incluso en cantidades muy diluidas, la rotenona es muy tóxica para los peces y otras especies acuáticas. Hay que tener mucho cuidado para evitar que llegue a los cursos de agua. En los trópicos, la gente suele recoger grandes cantidades de peces echando un puñado de derris en polvo (una raíz que contiene rotenona) en el agua, esperando unos minutos, y recogiendo después peces aturdidos, muertos y moribundos por toneladas. La rotenona también es mortal para las lombrices de tierra. Sin embargo, la rotenona rara vez mata a las lombrices porque es rápidamente biodegradable. Pulverizada sobre las plantas para controlar los escarabajos y otros depredadores de las plantas, su potente efecto sólo dura un día o así antes de que el sol y la humedad la descompongan en sustancias inofensivas. Pero una vez espolvoreé con rotenona en polvo todo un parterre elevado de plántulas de judías arbustivas amenazadas por escarabajos a última hora de la tarde. Los escarabajos manchados que hacían estragos en sus hojas murieron inmediatamente. Inesperadamente, esa tarde llovió bastante y la rotenona aún activa fue arrastrada por las hojas y penetró profundamente en el suelo. A la mañana siguiente, la superficie del parterre estaba repleta de lombrices muertas. He aprendido a tratar la rotenona con mucha precaución.

MICROBIOS Y FERTILIDAD DEL SUELO

Todavía hay otros estándares holísticos para medir la productividad del suelo. Con una justificación más que suficiente, el gran microbiólogo de suelos ruso N.S. Krasilnikov juzgaba la fertilidad contando el número de microbios presentes. Dijo,

". . la fertilidad del suelo está determinada por factores biológicos, principalmente por los microorganismos. El desarrollo de la vida en el suelo le confiere la propiedad de la fertilidad. La noción de suelo es inseparable de la noción de desarrollo de organismos vivos en él. El suelo es creado por microorganismos. Si esta vida muriera o se detuviera, el suelo anterior se convertiría en un objeto de la geología [no de la biología]".

Louise Howard, la segunda esposa de Sir Albert, emitió un juicio muy similar en su libro, "Sir Albert Howard en la India."

"Un suelo fértil, es decir, un suelo repleto de vida sana en forma de abundante microflora y microfauna, dará lugar a plantas sanas, y éstas, al ser consumidas por los animales y el hombre, conferirán salud a los animales y al hombre. Pero un suelo infértil, es decir, carente de suficiente vida microbiana, fúngica y de otro tipo, transmitirá alguna forma de deficiencia a las plantas, y dichas plantas, a su vez, transmitirán alguna forma de deficiencia a los animales y al hombre".

Aunque las dos citas coinciden en lo esencial, Krasilnikov tenía una idea más amplia. Los primeros escritores del movimiento orgánico se centraron intensamente en las asociaciones de micorrizas entre los hongos del suelo y las raíces de las plantas como el secreto oculto de la salud de las plantas. Krasilnikov, cuyos escritos posteriores se beneficiaron de la enorme investigación soviética, no negó la importancia de las asociaciones micorrizales, pero hizo hincapié en las asociaciones planta-bacteria. Ambos puntos de vista contienen mucha verdad.

Puede que Krasilnikov fuera el mejor microbiólogo del suelo de su época, y los rusos en general parecen estar muy por delante de nosotros en este campo. Merece la pena preguntarse por qué es así. La ciencia agrícola estadounidense está motivada por la agroindustria, ya sea mediante una subvención directa o indirectamente a través del gobierno, ya que éste suele estar fuertemente influenciado por grandes intereses económicos. La investigación agrícola estadounidense también existe en un mercado relativamente libre en el que, en este momento de la historia, hay grandes cantidades de materiales manufacturados disponibles de forma fiable y barata. Por ello, la ciencia agrícola occidental tiende a buscar soluciones que incluyan insumos manufacturados. Después de todo, de qué sirve un problema si no se puede resolver vendiendo algo de forma rentable.

Pero cualquier investigador agrícola soviético que resolviera los problemas utilizando productos de fábrica estaría condenando a sus agricultores al fracaso porque el sistema económico de la URSS era incapaz de suministrar regularmente esos artículos. Así que, lógicamente, la agronomía soviética se centró en enfoques más holísticos y de baja tecnología, como la manipulación de la microecología del suelo. Por ejemplo, los estadounidenses aumentan científicamente el nitrógeno del suelo esparciendo productos químicos industriales; los rusos encontraron formas de baja tecnología para elaborar sopas bacterianas que inocularon un campo con microorganismos fijadores de nitrógeno ligeramente más eficientes.

La microbiología del suelo es también una línea de investigación relativamente barata que premia la astucia mental frente a la inversión masiva. Los laboratorios multimillonarios con equipos de alta tecnología no daban grandes respuestas cuando el estudio era nuevo. Tal vez en esta era de la biotecnología, la genética recombinante encuentre formas de alta tecnología para fabricar a medida microorganismos mejorados y superemos a los rusos.

Las poblaciones de microorganismos del suelo son increíblemente altas. En los suelos productivos puede haber miles de millones por gramo. (Un gramo de tierra esponjosa podría llenar 1/2 cucharadita.) Krasilnikov encontró grandes variaciones en los recuentos bacterianos. Las tierras no productivas del Norte, de color claro, en las que crecen escasas coníferas o cultivos pobres, no contienen muchos microorganismos. Los suelos ricos, negros y productores de grano de Ucrania (como nuestro cinturón de maíz del medio oeste) tienen poblaciones microbianas muy grandes.

Hay que ser muy inteligente para estudiar los microbios y los hongos del suelo. Sus procesos vitales e interacciones ecológicas no se pueden observar fácilmente en el suelo con un microscopio. Normalmente, los científicos estudian los microorganismos buscando un medio artificial en el que crezcan bien y observando las actividades de una gran colonia o un cultivo puro, una visión muy restringida. Probablemente hay más especies de microorganismos que todos los demás seres vivos juntos, pero a menudo no podemos identificar una especie de otra similar por su aspecto. En general, podemos clasificar las bacterias por su forma: redondas, en forma de bastón, en espiral, etc. Las diferenciamos por el antibiótico que las mata y por la variedad de material artificial en la que prefieren crecer. Los patógenos se reconocen por sus presas. Sin embargo, la mayoría de las actividades microbianas siguen siendo un gran misterio.

La gran contribución de Krasilnikov a la ciencia fue descubrir cómo los microorganismos del suelo ayudan al crecimiento de las plantas superiores. Las bacterias son muy exigentes con el sustrato en el que crecen. En el laboratorio, una especie crece en gel de proteínas, otra en algas. Una prospera en la pulpa de remolacha mientras que otra sólo crece en un determinado extracto de cereal. Las plantas "entienden" esto y manipulan el entorno del suelo para potenciar la reproducción de ciertas bacterias que consideran deseables y suprimir otras. Esto se consigue mediante los exudados de las raíces.

Por cada 100 gramos de biomasa sobre el suelo, una planta excreta unos 25 gramos de exudados radiculares, creando una zona químicamente diferente (rizosfera) cerca de la raíz que funciona de forma muy parecida al medio de cultivo en un laboratorio. Ciertas bacterias encuentran esta región muy favorable y se multiplican prolíficamente, mientras que otras se ven suprimidas. Los recuentos de bacterias adyacentes a las raíces serán de cientos de millones a miles de millones por gramo de suelo. A una fracción de pulgada de distancia, más allá de la influencia de los exudados, el recuento desciende enormemente.

¿Por qué las plantas gastan energía cultivando bacterias? Porque hay un intercambio, un quid pro quo. Estas mismas bacterias ayudan a la planta de numerosas maneras. Algunos tipos de microbios son depredadores. En lugar de consumir materia orgánica muerta, atacan a las plantas vivas. Sin embargo, otras especies, especialmente los actinomicetos, emiten antibióticos que suprimen los patógenos. La multiplicación de los actinomicetos puede verse favorecida por los exudados de las raíces.

Quizás el beneficio más importante que las plantas reciben de las bacterias del suelo es lo que Krasilnikov denominó "fitaminas", un juego de palabras de vitaminas más "phyta" o "planta" en griego. Las bacterias útiles exudan complejas moléculas orgánicas solubles en agua que las plantas absorben a través de sus raíces y utilizan de forma parecida a como los humanos necesitan ciertas vitaminas. Cuando las plantas carecen de fitaminas, su salud no es óptima, su resistencia a las enfermedades es menor y puede que no crezcan tanto porque algunas fitaminas actúan como hormonas de crecimiento.

Tenga en cuenta que los microorganismos beneficiosos que se agrupan alrededor de las raíces de las plantas no se alimentan principalmente de los exudados de las raíces; los exudados simplemente optimizan las condiciones ambientales para favorecer a determinadas especies. El principal alimento de estos organismos del suelo es la materia orgánica en descomposición y el humus. Las deficiencias en materia orgánica o el pH del suelo fuera de un rango cómodo de 5,75-7,5 inhiben en gran medida a los microorganismos beneficiosos.

Durante mucho tiempo, la ciencia agrícola "química" ha ridiculizado la idea de que las raíces de las plantas puedan absorber algo más grande que simples moléculas inorgánicas en solución acuosa. Este punto de vista insostenible ya no es políticamente correcto ni siquiera entre los partidarios del uso de productos químicos. Sin embargo, si alguna vez se encuentra con un "experto" que todavía intenta intimidar a otros con estos viejos argumentos, simplemente pregúntele, ya que las raíces de las plantas no pueden asimilar grandes moléculas orgánicas, ¿por qué la gente tiene éxito usando pesticidas químicos sistémicos? Los sistémicos son moléculas orgánicas venenosas grandes y complejas que las plantas absorben a través de sus raíces y que luego hacen que el material vegetal sobre el suelo sea tóxico para los depredadores. Las plantas ornamentales, como las rosas, suelen estar protegidas por plaguicidas químicos sistémicos mezclados con fertilizantes químicos y alimentados a través del suelo.

Los exudados de las raíces tienen numerosas funciones, además de afectar a los microorganismos. Una de ellas es suprimir o fomentar el crecimiento de las plantas circundantes Los jardineros lo experimentan como acompañantes y antagonistas de las plantas. Los exudados de las raíces del nogal son muy antagónicos con muchas otras especies. Y los miembros de la familia de las cebollas impiden que las judías crezcan bien si sus sistemas radiculares se entremezclan.

Muchos esquemas de rotación de cultivos existen porque los efectos de los exudados de las raíces parecen persistir durante uno o incluso dos años después de que crezca la planta original Por eso las cebollas crecen muy bien cuando se plantan donde crecieron las patatas el año anterior. Y por qué los agricultores hacen una rotación de tres años de heno, patatas y cebollas. También por eso las cebollas no crecen tan bien después de la col o la calabaza. A los agricultores les resulta mucho más fácil gestionar las sucesiones. Pueden cultivar 40 acres de un cultivo seguido de 40 acres de otro. Pero la calabaza de 100 pies cuadrados puede saturar la cocina mientras que las zanahorias de los mismos 100 pies cuadrados del año siguiente pueden no ser suficientes. A menos que se lleven registros detallados, es difícil recordar exactamente dónde creció todo hace dos años en un huerto y correlacionar esos datos con los resultados de este año. Pero cuando veo que la mitad de una plantación en un bancal elevado crece bien y la mitad adyacente crece mal, asumo que la dificultad fue causada por los restos de exudado de lo que creció allí hace uno, o incluso, dos años.

En 1990, la mitad del cultivo "F" creció bien y la otra mitad mal, debido a la presencia del cultivo "D" en 1989. El jardinero puede recordar que "D" estaba allí el año pasado. Pero en 1991, la mitad del cultivo "G" creció bien, la otra mitad mal. Esto también se debió a la presencia del cultivo "D" dos años atrás. Pocos pueden hacer esta asociación.

Estos efectos fueron una de las razones por las que Sir Albert Howard pensó que era muy insensato cultivar un huerto en un mismo lugar durante demasiados años. Él recomendaba cultivar "hierba curativa" durante unos cinco años después de varios años de huerto para borrar todos los efectos del exudado y restaurar la ecología del suelo a la normalidad.

La asociación de micorrizas es otra relación beneficiosa que debe existir entre los organismos del suelo y muchas plantas superiores. Esta relación simbiótica implica a los hongos y a las raíces de las plantas. Los hongos pueden ser patógenos y consumir plantas vivas. Pero la mayoría son inofensivos y sólo comen materia orgánica muerta y en descomposición. La mayoría de los hongos viven en el suelo, aunque algunos se alimentan de árboles derribados o incluso en pie.

La mayoría de la gente no se da cuenta de que las raíces de las plantas absorben agua y nutrientes solubles en agua sólo a través de los diminutos pelos y las puntas de crecimiento activo cerca del extremo de la raíz. La capacidad de cualquier raíz nueva para absorber nutrientes sólo dura un corto periodo de tiempo, después los pelos se desprenden y la raíz desarrolla una especie de corteza dura. Si el crecimiento del sistema radicular se ralentiza o se detiene, la capacidad de la planta para obtener nutrientes se reduce considerablemente. Las raíces no pueden producir oxígeno a partir del dióxido de carbono, como hacen las hojas. Por eso es tan importante mantener un buen suministro de aire en el suelo y que éste permanezca lo suficientemente suelto como para permitir una rápida expansión de las raíces.

Cuando las raíces están apretadas, el crecimiento de la parte superior se ralentiza o cesa, la salud y la resistencia a las enfermedades disminuyen, y las plantas pueden estresarse a pesar de las aplicaciones de nutrientes o del riego. Otras plantas que no parecen competir por la luz en la superficie pueden haber ramificado (llenado de raíces) extensiones de suelo mucho más amplias de lo que se podría pensar. Una vez que el suelo se satura con las raíces y los exudados de una planta, el mismo espacio puede quedar cerrado a las raíces de otra. Los jardineros que utilizan plantaciones cerradas y camas elevadas intensivas a menudo chocan sin saberlo con este factor limitante y se sienten decepcionados por el pequeño tamaño de sus hortalizas a pesar de la fuerte fertilización, a pesar de aflojar la tierra a medio metro de profundidad con doble excavación y a pesar del riego regular. Pensado de esta manera, debería ser obvio por qué la doble excavación mejora el crecimiento en camas abarrotadas al aumentar la profundidad a la que las plantas pueden echar raíces.

Las raíces de las plantas no tienen forma de descomponer agresivamente las partículas de roca o la materia orgánica, ni de separar un nutriente de otro. Absorben todo lo que está en solución, ni más ni menos, mientras reponen el agua evaporada de sus hojas. Sin embargo, los hongos del suelo son capaces de atacar agresivamente la materia orgánica e incluso las partículas de roca mineral y extraer los nutrientes que desean. Los hongos viven en el suelo en forma de hilos largos y complejamente interconectados, similares a pelos, que suelen tener un solo grosor celular. Los hilos se llaman "hifas". El alimento circula a través de las hifas como la sangre en el cuerpo humano. A veces, los hongos individuales pueden crecer hasta alcanzar tamaños enormes; hay círculos de hongos de cientos de metros de diámetro que esencialmente son un solo organismo muy antiguo. Las setas en las que pensamos cuando pensamos en "hongos" no son en realidad el organismo, sino el fruto transitorio de una gran red subterránea.

Algunos tipos de hongos son capaces de formar una simbiosis con determinadas especies de plantas. Insertan una hifa en el hueco entre las células individuales de la planta en un pelo de la raíz o justo detrás de la punta de la raíz en crecimiento. Entonces la hifa "bebe" del sistema vascular de la planta, robándole un poco de su sangre vital. Sin embargo, no se trata de una depredación perjudicial porque, a medida que la raíz crece, se desarrolla una corteza alrededor de las hifas. La corteza pellizca las hifas y éstas se descomponen rápidamente en el interior de la planta, haciendo un aporte de nutrientes que la planta no podría obtener de otro modo. Los productos de la descomposición de las hifas pueden estar en forma de moléculas orgánicas complejas que funcionan como fitaminas para la planta.

No todas las plantas son capaces de formar asociaciones de micorrizas. Los miembros de la familia de las coles, por ejemplo, no lo hacen. Sin embargo, si la especie puede beneficiarse de una asociación de este tipo y no la tiene, entonces, a pesar de la fertilización, la planta no será tan saludable como podría ser, ni crecerá tan bien. Este fenómeno se observa habitualmente en los viveros de coníferas, donde primero se esterilizan completamente los semilleros con productos químicos agresivos y luego se siembran las semillas de los árboles. Aunque están completamente fertilizados, los pequeños árboles crecen lentamente durante un año aproximadamente. Entonces, cuando las esporas de los hongos micorriza empiezan a caer en el lecho y sus hifas se establecen, los árboles dispersos empiezan a desarrollar la simbiosis necesaria y su crecimiento se dispara. En un lecho de plántulas de dos años, muchos árboles individuales están por encima de los demás. Esto no se debe a una genética superior o a una fertilidad errática del suelo. Se trata de individuos con una asociación de micorrizas.

Al igual que otros microorganismos beneficiosos, los hongos micorrícicos no se alimentan principalmente del fluido vascular de las plantas, sino de la materia orgánica en descomposición. He aquí otra razón para sostener que la productividad del suelo puede medirse por el contenido de humus.

CÓMO MANTENER EL HUMUS DEL SUELO

La materia orgánica beneficia a la productividad del suelo no porque esté presente, sino porque todas las formas de materia orgánica del suelo, incluida su forma más estable, el humus, están desapareciendo. Los hongos micorrícicos y las colonias de bacterias beneficiosas alrededor de las raíces de las plantas sólo pueden existir consumiendo la materia orgánica del suelo. Los limos y las gomas que cementan las partículas del suelo en agregados relativamente estables son formados por microorganismos al consumir la materia orgánica del suelo. Las escamas y los yesos que son migas de suelo se forman sólo porque se consume la materia orgánica. Si el humus disminuye, toda la ecología del suelo se reduce y, con ella, el suelo y la salud y productividad de las plantas.

Si quieres gestionar el suelo de tu jardín de forma inteligente, ten en cuenta sobre todo que la tasa de pérdida de humus es mucho más importante que la cantidad de humus presente. Sin embargo, los procesos naturales eliminan el humus sin nuestra ayuda o atención, mientras que la tarea del jardinero es añadir materia orgánica. Así que hay una tendencia muy comprensible a centrarse en la adición, no en la sustracción. Pero, ¿podemos añadir demasiado? Y si es así, ¿qué ocurre cuando lo hacemos?

¿QUÉ CANTIDAD DE HUMUS SE SUPONE QUE TIENE EL SUELO?

Si se midiera el contenido de materia orgánica de los distintos suelos de Estados Unidos, habría grandes diferencias. Algunas variaciones en las tierras de cultivo se deben a las grandes pérdidas causadas por una mala gestión. Pero incluso si se pudieran medir los suelos vírgenes nunca utilizados por el ser humano, seguiría habiendo grandes diferencias. Hans Jenny, un científico del suelo de la Universidad de Missouri durante la década de 1940, observó patrones en los niveles de humus del suelo y explicó cómo y por qué ocurre esto en un libro maravillosamente legible, "Factores en la formación del suelo." Hoy en día, los científicos agrícolas académicos ocultan la simplicidad básica de sus conocimientos expresando innecesariamente sus datos con verborrea exótica y matemáticas superiores. En la época de Jenny no se consideraba denigrante que un profano inteligente pudiera leer y entender los escritos de un científico o erudito. Cualquier jardinero serio que quiera entender las grandes diferencias del suelo debería familiarizarse con "Factores en la formación del suelo." Sobre la materia orgánica en los suelos vírgenes, Jenny decía

"Dentro de regiones con condiciones de humedad similares, el contenido de materia orgánica del suelo... disminuye de norte a sur. Por cada descenso de 10 grados C (18 grados F) en la temperatura anual, el contenido medio de materia orgánica del suelo aumenta dos o tres veces, siempre que [la humedad del suelo] se mantenga constante."

Un suelo húmedo durante la temporada de crecimiento favorece el crecimiento de las plantas y, por tanto, la producción de materia orgánica. Cuando el suelo se seca durante la temporada de crecimiento, el crecimiento de las plantas se ralentiza o se detiene. Por tanto, en igualdad de condiciones, los suelos húmedos contienen más materia orgánica que los secos. Toda la materia orgánica acaba por pudrirse, incluso en suelos demasiado secos para el crecimiento de las plantas. Cuanto más alta sea la temperatura del suelo, más rápida será la descomposición. Sin embargo, los suelos fríos (no congelados) aún pueden cultivar mucha biomasa. Así que, en igualdad de condiciones, los suelos calientes tienen menos humus que los fríos. Los suelos fríos y húmedos tendrán los niveles más altos; los suelos calientes y secos serán los que tengan menos humus.

Este modelo se comprueba en la práctica. Si midiéramos la materia orgánica en los suelos a lo largo del río Misisipi, donde las condiciones de humedad del suelo son bastante similares de sur a norte, podríamos encontrar un 2% en la sofocante Arkansas, un 3% en Missouri y más de un 4% en Wisconsin, donde las temperaturas del suelo son mucho más bajas. En Arizona, los suelos desérticos de secano prácticamente no tienen materia orgánica. En el centro y el sur de California, donde las escasas y poco fiables lluvias invernales se agotan en marzo, es difícil encontrar un suelo de secano que contenga hasta un 1% de materia orgánica, mientras que en el fresco noroeste marítimo, las fiables lluvias invernales mantienen el suelo húmedo hasta junio y los pastos agrícolas más fértiles o las praderas naturales pueden desarrollar hasta un 5% de materia orgánica.

Otros factores, como el contenido mineral básico del suelo o su textura, también influyen en la cantidad de materia orgánica que creará un lugar y aumentarán o disminuirán en cierta medida el contenido de humus en comparación con lugares vecinos que tengan el mismo clima. Pero los factores que más influyen son la humedad y la temperatura.

En todos los suelos vírgenes, el contenido de materia orgánica se mantiene de forma natural en el nivel más alto posible. Además, las adiciones medias anuales coinciden exactamente con la cantidad media anual de descomposición. Piense en ello por un momento. Imaginemos que empezamos con una parcela de partículas de roca finamente molida que no contiene vida ni materia orgánica. A medida que el polvo de roca es colonizado por formas de vida que aumentan gradualmente en número, se convierte en suelo. La materia orgánica que se crea en él aumenta la disponibilidad de nutrientes y acelera la descomposición de las partículas de roca, aumentando aún más la creación de materia orgánica. El humus del suelo aumenta constantemente. Finalmente, se llega a un punto álgido en el que hay todo el humus posible en el suelo.

El pico de la ecología vegetal y del suelo que vive de forma natural en cualquier sitio suele ser muy saludable e inevitablemente es tan abundante como la humedad y los minerales del suelo que lo sustentan. Para mí esto sugiere la cantidad de materia orgánica que se necesita para cultivar un gran huerto. Mi teoría es que, en términos de materia orgánica del suelo, las hortalizas crecen bastante bien en el nivel de humus que alcanzaría el máximo natural en un sitio virgen. En las zonas semiáridas modificaría la teoría para incluir un aumento como resultado del riego necesario. Expresado como una regla general, un mero 2 por ciento de materia orgánica en climas cálidos, que se incrementa hasta el 5 por ciento en climas fríos, proporcionará suficientes actividades biológicas al suelo para cultivar hortalizas sanas si "los niveles de nutrientes minerales también son lo suficientemente altos."

Recuerde mi afirmación de que lo más importante de la materia orgánica no es la cantidad presente, sino la cantidad que se pierde cada año por descomposición. Porque sólo al descomponerse la materia orgánica libera los nutrientes que contiene para que las plantas puedan asimilarlos; sólo al consumirse el humus apoya la microecología que contribuye de forma tan marcada a la nutrición de las plantas, descompone agresivamente las partículas de roca y libera los nutrientes de las plantas que contienen; sólo al comerse la materia orgánica del suelo apoya a las bacterias y a las lombrices de tierra que mejoran la productividad y crean un mejor suelo.

Aquí hay algo que me parece muy interesante. Los climas templados que tienen estaciones e invierno, varían mucho en la temperatura media. Si comparamos la pérdida de descomposición anual de un suelo caliente con un 2 por ciento de humus con la pérdida de descomposición anual de un suelo más frío con un 5 por ciento, aproximadamente la misma cantidad de materia orgánica se descompondrá de cada suelo durante la temporada de crecimiento. Esto significa que en las regiones templadas hay que reponer más o menos la misma cantidad de materia orgánica sea cual sea el lugar.

Al igual que otras importantes facultades de agricultura, la
Universidad de Missouri realizó algunos estudios a largo plazo muy
valiosos sobre la gestión del suelo. En 1888, un campo de pastos
nativos de la pradera que nunca se había cultivado se convirtió en
parcelas de prueba. Durante los cincuenta años siguientes, cada
parcela se gestionó de forma diferente pero constante. La serie de
experimentos que considero más útil registró lo que ocurre con la
materia orgánica del suelo como consecuencia de las prácticas
agrícolas. La pradera virgen había mantenido un contenido de
materia orgánica de alrededor del 3,5%. Las líneas del gráfico
muestran lo que ocurrió con esa materia orgánica a lo largo del
tiempo.

La hierba timotea es probablemente un convertidor ligeramente más
eficiente de la energía solar en materia orgánica que la pradera
original. Después de cincuenta años de alimentar el heno cortado del
campo y devolver todo el estiércol del ganado, la materia orgánica
del suelo aumentó aproximadamente un 1/2%. Evidentemente, el
abono verde tiene una capacidad muy limitada para aumentar el
humus del suelo por encima de los niveles clímax. Cultivando avena
y devolviendo suficiente estiércol para representar la paja y el grano
alimentados al ganado, el campo mantuvo su materia orgánica
relativamente constante.

El cultivo de grano pequeño y la eliminación de todo lo que no sea el
rastrojo durante cincuenta años redujo en gran medida la materia
orgánica. Hay que tener en cuenta que la mitad de la producción de
biomasa en un campo se produce bajo tierra en forma de raíces. Y
ten en cuenta que los gráficos no revelan el triste aspecto que
probablemente tuvieron los cultivos una vez que la materia orgánica
disminuyó significativamente. Tampoco muestran que la semilla
producida en esos campos degenerados probablemente ya no
brotaría lo suficientemente bien como para ser utilizada como grano
de siembra, por lo que se habría importado nueva semilla al sistema
cada temporada, trayendo consigo nuevos suministros de nutrientes
para las plantas. Sin la importación de esa fanega de semillas de

trigo en cada acre cada año, las curvas habrían sido más pronunciadas y habrían bajado aún más.

El maíz es el más duro de los cereales para el humus del suelo. La razón es que el trigo se esparce estrechamente en otoño y forma un grueso rodal herbáceo de hibernación que forma biomasa a partir de la mayor parte de la energía solar que incide en el campo desde la primavera hasta principios del verano, cuando se forma la semilla. La avena de hoja crea un poco más de biomasa que el trigo. El maíz, en cambio, es sensible a las heladas y no se puede plantar temprano. Tampoco se siembra de cerca, sino en hileras muy espaciadas. El maíz tarda bastante en formar un dosel de hojas que utilice toda la energía solar disponible. En la jerga agrícola, el maíz es un "cultivo en hilera".

Las hortalizas también son cultivos en hilera. Muchos tipos no forman doseles densos que absorben toda la energía solar durante toda la temporada de crecimiento como una pradera virgen. Al igual que con el maíz, el suelo se labra sin nada, por lo que durante la mayor parte de la temporada de crecimiento se produce poca o ninguna materia orgánica. De todos los cultivos que se pueden hacer, las hortalizas son las que más materia orgánica del suelo necesitan. No hay manera de que las hortalizas puedan mantener el humus del suelo, incluso si todos sus residuos son religiosamente compostados y devueltos. La materia orgánica del suelo disminuiría notablemente incluso en un experimento en el que criáramos algunos animales pequeños exclusivamente en las hortalizas y devolviéramos también todo su estiércol y orina.

Al cultivar hortalizas tenemos que restituir la materia orgánica más allá de la cantidad que produce el propio huerto. Las curvas que muestran la disminución del humus en la Universidad de Missouri nos dan una buena pista de la cantidad de materia orgánica que vamos a perder con el cultivo de hortalizas. Hagamos la estimación más pesimista posible y supongamos que el cultivo de hortalizas es dos veces más duro para el suelo que el cultivo de maíz y la eliminación de todo excepto los rastrojos y los sistemas de raíces.

Con el maíz, alrededor del 40% de toda la reserva de materia orgánica se agota en los primeros diez años. Supongamos que las hortalizas pueden eliminar casi todo el humus del suelo en diez años, o un 10% cada año durante los primeros años. Esta cifra es una estimación muy cruda y, para la mayoría de los lugares de Estados Unidos, muy pesimista.

Sin embargo, la pérdida del 10% anual puede subestimar las pérdidas en algunos lugares. He visto suelos viejos de cultivos en hilera en el valle central de California que parecen polvo blanco. Una estimación del 10% anual tampoco tiene en cuenta la sorprendente durabilidad que observo en los antiguos campos de semillas de hortalizas del valle de Skaget, en el oeste del estado de Washington, que todavía tienen un aspecto negro y rico. Estos campos de clima fresco han sufrido la agricultura química durante décadas sin haber sido completamente destruidos... todavía.

¿Cuánta pérdida es el 10% al año? Tomemos como ejemplo mi propio jardín. Comenzó como un viejo pasto de heno que no había visto un arado durante veinticinco o más años y donde, durante los cinco años que he sido dueño de la propiedad, la producción anual de hierba no se corta, se enfarda y se vende, sino que se corta y se deja reposar en el lugar. La acumulación de minerales y humus de cada año contribuye a un mejor crecimiento del césped del año siguiente. Al principio, mi hierba crecía un poco más alta y un poco más gruesa cada año. Pero el aumento constante de la producción de biomasa parece haber disminuido en los últimos dos años. Supongo que a estas alturas el contenido de materia orgánica del suelo probablemente se haya recuperado y esté en torno al 5%.

Destino alrededor de un acre de ese antiguo pasto a tierra de cultivo. En un año determinado, mis huertos cambiantes ocupan un tercio de ese acre. Los otros dos tercios se regeneran en hierba curativa. Mido mi jardín en fracciones de acres. La mayoría de la gente de la ciudad tiene poco concepto de un acre; son unos 40.000 pies cuadrados, o una parcela de 200' x 200'.

Más o menos, la bandeja de arado de un acre pesa alrededor de dos millones de libras. La bandeja de arado son las siete pulgadas de tierra vegetal que se voltean con un arado de vertedera, las siete pulgadas donde se produce la mayor actividad biológica, donde reside prácticamente toda la materia orgánica del suelo. Dos millones de libras equivalen a mil toneladas de tierra vegetal en las primeras siete pulgadas de un acre. El cinco por ciento de esas mil toneladas puede ser materia orgánica, hasta cincuenta inapreciables toneladas de vida que transforman 950 toneladas de polvo muerto en un acre fértil y productivo. Si el 10 por ciento de esas cincuenta toneladas se pierde como consecuencia de un año de cultivo de hortalizas, eso equivale a cinco toneladas por acre y año perdidas o a unas 25 libras perdidas por cada 100 pies cuadrados.

Paciencia, lector. Hay un punto muy contundente y pronto muy obvio en toda esta aritmética. Visualice esto. La cal se esparce a razón de hasta cuatro toneladas por acre. ¿Ha esparcido alguna vez 1 T/A o 50 libras de cal en un jardín de 33 x 33 pies? Es muy difícil lograrlo. Incluso 200 libras de cal apenas blanquearían el suelo de un jardín de 1.000 pies cuadrados. Es aún más difícil esparcir apenas 5 toneladas de abono en un acre o sólo 25 libras en una cama de 100 pies cuadrados. Parece que no se ha conseguido nada, la mayor parte de la tierra sigue mostrándose, no hay capa de compost, sólo una fina dispersión.

Pero para mantener el contenido de humus de la tierra vegetal en un nivel saludable, una fina dispersión una vez al año es una graciosa abundancia. Incluso si yo empezara con un campo de cultivo totalmente agotado, polvoriento, absolutamente sin humus, arruinado y sin materia orgánica alguna, y quisiera convertirlo en un huerto saludable, sólo tendría que hacer una enmienda única de 50 toneladas de compost maduro por acre o 2.500 libras por 1.000 pies cuadrados. Ahora bien, 2.500 libras de humus es una carga de camioneta de caja larga que gime, se hunde y se amontona por encima de la cabina y gotea por los lados. Si se extiende en un pequeño jardín, es suficiente para sentirse satisfecho. Antes de saber más, solía incorporar esa cantidad de estiércol de caballo compostado una o dos veces al año y cuando añadía una capa de media pulgada de grosor, eso era lo que aplicaba.

FERTILIZAR LAS VERDURAS CON COMPOST

¿Una adición de cinco toneladas por acre de compost proporcionará suficiente nutrición para cultivar grandes verduras? Lamentablemente, la respuesta suele ser no. En la mayoría de los jardines, en la mayoría de los climas, con la mayoría de lo que pasa por "compost", probablemente no lo hará. Con esa cantidad de compost se podría cultivar un trigo decente.

Los factores que intervienen en esta afirmación son numerosos y demasiado complejos para analizarlos completamente en un pequeño libro como éste. Incluyen la mineralización intrínseca del propio suelo, la temperatura del suelo durante la temporada de cultivo y las elevadas necesidades nutricionales de las propias hortalizas. Según mi experiencia, algunos suelos aluviales que reciben regularmente pequeñas adiciones de materia orgánica pueden producir buenos cultivos de hortalizas sin ayuda adicional. Sin embargo, estos lugares se inundan regularmente y se reponen con partículas de roca altamente mineralizadas. Además, deben ser muy cálidos durante la temporada de crecimiento. Pero no todas las partículas de roca contienen altos niveles de nutrientes para las plantas y no todos los suelos se calientan lo suficiente como para descomponer rápidamente las partículas del suelo.

La temperatura del suelo tiene mucho que ver con la eficacia del compost como fertilizante. Los suelos arenosos se calientan mucho más rápido en primavera y la arena permite un movimiento mucho más libre del aire, por lo que el humus se descompone mucho más rápidamente en la arena. Quizás un jardín soleado y arenoso en una ladera orientada al sur podría crecer bastante bien con pequeñas cantidades de compost fuerte. En la práctica, si la mayoría de la gente esparciera en sus jardines incluso el compost más potente, a razón de sólo veinticinco libras por cada 100 pies cuadrados, es casi seguro que se decepcionaría.

Entonces, si cinco toneladas de compost de calidad por acre no son adecuadas para la mayoría de las hortalizas, ¿qué tal si se usan diez o veinte toneladas de las mejores? ¿Creará eso un buen jardín? De nuevo, la respuesta debe tener en cuenta muchos factores, pero generalmente es más positiva. Si el compost tiene una relación C/N baja y ese compost, o el propio suelo, no es muy deficiente en algún nutriente esencial, y si el suelo tiene una textura gruesa y aireada que favorece la descomposición, entonces aplicaciones algo más pesadas harán crecer un jardín de buen aspecto que produzca muchos alimentos.

Sin embargo, una pregunta que rara vez se hace y aún menos se responde de forma satisfactoria en la teoría de la agricultura holística y la jardinería es: ¿Cuánta materia orgánica o humus se necesita para maximizar la salud de las plantas y las cualidades nutricionales de los alimentos que cultivamos? Un corolario casi igualmente importante de esto es: ¿Puede haber demasiada materia orgánica?

Esta segunda cuestión no tiene consecuencias prácticas para los ganaderos biológicos, ya que es casi imposible, desde el punto de vista económico, aumentar los niveles de materia orgánica en los suelos de las explotaciones hasta cantidades extraordinarias. Los agricultores holísticos a gran escala deben cultivar su propio humus en su propia granja. Su objetivo no puede ser comprar y traer grandes cantidades de materia orgánica; debe ser conservar y maximizar el valor de la materia orgánica que ellos mismos producen.

Cuando oiga hablar de un agricultor ecológico (no de hortalizas, sino de cereales/ganadería) que construye una fertilidad extraordinaria esparciendo grandes cantidades de compost, recuerde que este agricultor debe estar situado cerca de una fuente barata de material de calidad. Si todos los agricultores quisieran hacer lo mismo, no habría suficiente para todos a un precio económico, a menos que, tal vez, todo el país se convirtiera en un "sistema cerrado" como China. Tendríamos que compostar todos los excrementos humanos y la materia orgánica y aún así no habría suficiente para satisfacer la demanda. Incluso si fuéramos tan eficientes como China, hay que tener en cuenta el estado de degradación de los suelos de las tierras altas de China y la rápida desertificación que se está produciendo en su oeste semiárido. China está robando a Pedro para pagar a Pablo y puede que tampoco tenga una agricultura verdaderamente sostenible.

A menudo me encuentro con la opinión entre los devotos del movimiento de la jardinería orgánica de que si un poco de materia orgánica es algo bueno, entonces más debe ser mejor y aún más mejor. En la revista Organic Gardening y en los libros de jardinería de Rodale leemos elogios a suelos tan ricos en humus y tan llenos de lombrices de tierra que uno puede meter fácilmente el brazo en la tierra blanda hasta el codo, pero debe sacarlo rápidamente antes de que las lombrices le arranquen todos los pelos, donde uno debe saltar después de plantar semillas de maíz para que el tallo no le pinche en el ojo, donde las calabazas pesan más de 100 libras cada una, donde una sola vid de tomate en espaldera cubre todo el lado sur de una casa y produce fanegas. Todo gracias al compost.

Yo llamo a los creyentes de la fe orgánica "O" mayúscula, jardineros orgánicos. Estas personas tienen casi inevitablemente una camioneta que utilizan para recoger las hojas y los recortes de hierba de su vecindario el día de la basura y para llevar a casa cargas de los establos y ranchos de pollos locales. Sus grandes patios están rodeados de cubos de abono y sus esparcimientos anuales de abono se miden en múltiplos de pulgadas. Yo mismo fui uno de ellos una vez.

Hay dos preguntas vitales y ligeramente irrespetuosas que deberían hacerse sobre este extremo de la práctica de la jardinería. ¿Es esta cantidad de humus la única manera de cultivar huertos orgánicos grandes y de alto rendimiento? Si la respuesta a la primera pregunta es no, entonces una persona podría evitar mucho trabajo aumentando el nivel de nutrientes de su suelo de alguna otra manera aceptable para el jardinero orgánico. Si la respuesta a la segunda pregunta es menos nutritiva, entonces los jardineros y agricultores serios que convierten los productos cultivados en casa en una parte significativa de su ingesta calórica anual deberían reconsiderar sus supuestos de salud. Muchos hortelanos ecológicos tienen ideas similares a las del personaje de Woody Allen en su película Sleeper.

¿Recuerdan esa película? Trata de un estadounidense contemporáneo que, al acercarse inesperadamente a la muerte, es congelado y luego reanimado y curado 200 años en el futuro. Sin embargo, nuestro héroe no esperaba morir o ser congelado cuando enfermó y al despertar cree que la explicación que le han dado es un montaje y que sus amigos están conspirando para convertirlo en un tonto. El irritado médico que le atiende le dice a Woody que se espabile y se prepare para empezar una nueva vida. Esto no es una broma, dice el doctor, todos los amigos de Woody están muertos desde hace tiempo. La respuesta de Woody es una línea clásica que me hace ganar unas cuantas risas del público cada vez que doy una conferencia: "¡todos mis amigos no pueden estar muertos! Yo tenía una tienda de alimentos saludables y todos comíamos arroz integral".

EL HUMUS Y LA CALIDAD NUTRICIONAL DE LOS ALIMENTOS

Creo que el propósito de los alimentos no es simplemente llenar la barriga o proporcionar energía, sino crear y mantener la salud. En última instancia, la fertilidad del suelo debería evaluarse no por el contenido de humus, ni por las poblaciones microbianas, ni por el número de lombrices de tierra, sino por las consecuencias a largo plazo para la salud del consumo de los alimentos. Si la salud física degenera, se mantiene o mejora, habremos medido el verdadero valor del suelo. El nombre técnico de esta idea es "ensayo biológico". Evaluar la fertilidad del suelo mediante un ensayo biológico es un paso muy radical, ya que conectar los cambios a largo plazo en la salud con el contenido nutricional de los alimentos y luego con las prácticas de gestión del suelo invalida un principio central de la agricultura industrial: que el rendimiento a granel es la medida definitiva del éxito o el fracaso. Como dijo Newman Turner, un ganadero inglés y discípulo de Sir Albert Howard:

"El científico ortodoxo suele medir la fertilidad de un suelo por su rendimiento a granel, sin relación con el efecto sobre el consumidor final.

He visto cómo el ganado pierde lentamente su condición y disminuye su producción de leche cuando se alimenta enteramente de los abundantes productos de un suelo aparentemente fértil. Aunque el suelo era capaz de producir grandes cosechas, estas cosechas no eran adecuadas por sí mismas para mantener el peso corporal y la producción de leche de la vaca, sin suplementos. Ese suelo, aunque era capaz de producir por encima de la media, y según la medida cuantitativa ortodoxa se consideraba fértil, no podía considerarse, según la medida más completa del efecto final sobre el consumidor, más que deficiente en cuanto a fertilidad.

Por lo tanto, la fertilidad es la capacidad de producir, al más alto nivel de rendimiento reconocido, cosechas de calidad que, cuando son consumidas durante largos períodos por los animales o el hombre, les permiten mantener la salud, la condición corporal y el alto nivel de producción sin evidencia de enfermedad o deficiencia de ningún tipo.

La fertilidad no puede medirse cuantitativamente. Cualquier medida de la fertilidad del suelo debe estar relacionada con la calidad de sus productos. ... la medida más sencilla de la fertilidad del suelo es su capacidad para transmitir, a través de sus productos, la fertilidad al consumidor final".

Howard también habla de la creación de un rebaño de bueyes de trabajo supersanos en su granja de investigación de Indore (India). Tras unos años de meticuloso compostaje y restauración de la vida del suelo, los bueyes de Howard brillaban de bienestar. Como demostración, permitió intencionadamente que sus animales se frotaran las narices al otro lado de la valla con bueyes vecinos que se sabía que estaban infectados por la fiebre aftosa y otras plagas del ganado. Sus animales permanecieron sanos. He leído tantos relatos similares en la literatura del movimiento de la agricultura ecológica que en mi mente no se puede negar la relación entre la calidad nutricional de las plantas y la presencia de materia orgánica en el suelo. Muchos otros jardineros ecológicos llegan a la misma conclusión. Pero la mayoría de los jardineros no entienden una diferencia crítica entre la agricultura y la jardinería: la mayoría de los radicales de la agricultura empiezan a cultivar en tierras degradadas y muy deficientes en materia orgánica. Las mejoras en la salud de las plantas y los animales que describen provienen de la restauración del equilibrio del suelo, de la aproximación a un nivel de humus clímax como el que yo he hecho en mis pastos al dejar de quitar la hierba.

Pero los jardineros domésticos y los horticultores cercanos a las ciudades pueden hacerse con cantidades prácticamente ilimitadas de materia orgánica. Animados por la creencia errónea de que cuanta más materia orgánica, más saludable, enriquecen su suelo mucho más allá de cualquier capacidad natural. A menudo esto se llama "construir el suelo". Pero aumentar la materia orgánica en los jardines muy por encima de un nivel de ecología de clímax no aumenta el valor nutricional de las verduras y en muchas circunstancias disminuirá su valor notablemente.

Durante muchos años he dado conferencias sobre jardinería orgánica a las clases de maestros jardineros del Servicio de Extensión. Parte de la formación de los maestros jardineros incluye la interpretación de los resultados de las pruebas de suelo. A principios de la década de 1980, cuando el gobierno del Estado de Oregón tenía más dinero, todos los aprendices de maestro jardinero recibían una prueba de suelo gratuita de su propio jardín. Inevitablemente, un señor mayor se acercaba después de mi conferencia y me pedía que interpretara su desconcertante análisis de suelo.

Señoras, por favor, disculpen. Dando conferencias en esta era del feminismo he roto mi costumbre políticamente incorrecta de decir "el jardinero, él...", pero en este caso era siempre un hombre, un jardinero orgánico que había estado construyendo su suelo durante años.

Los suelos medios de nuestra región son de moderadamente a fuertemente ácidos; tienen poco nitrógeno, fósforo, calcio y magnesio; son bastante adecuados en potasio; y tienen un 3-4 por ciento de materia orgánica. La prueba de suelo del Sr. Organic mostró un contenido de materia orgánica del 15 al 20% con un nitrógeno más que adecuado y un pH de 7,2. Sin embargo, no había prácticamente nada de fósforo, calcio o magnesio y una cantidad de potasio cuatro veces superior a la que recomendaría cualquier agente agrícola. En la parte inferior de la prueba, siempre escrita en tinta roja, subrayada, con tres signos de exclamación, "¡¡¡No más cenizas de madera durante cinco años!!!". Debido a que mucha gente en el noroeste marítimo se calienta con leña, el analista de suelos había asumido erróneamente que el suelo se volvía alcalino y desarrollaba tal desequilibrio de potasio por las fuertes aplicaciones de cenizas de madera.

Este jardinero desconcertado no pudo entender dos cosas del informe de su prueba de suelo. Una, que no utilizaba cenizas de madera ni tenía estufa de leña, y dos, que aunque llevaba seis o siete años "mejorando el suelo", el jardín no crecía tan bien como había imaginado. Tal vez vean por qué este interrogador era siempre un hombre. El Sr. Organic tenía una camioneta y le encantaba transportar materia orgánica y hacer y esparcir compost. Su suelo estaba lleno de lombrices y tenía un nivel de humus notablemente alto, pero aun así no obtenía grandes cosechas.

En realidad, era peor de lo que él entendía. Las plantas absorben todo el potasio disponible en el suelo y lo concentran en la parte superior de su crecimiento. Por eso, cuando se transporta la vegetación y se hace abono o se importa estiércol animal, se incorporan grandes cantidades de potasio. Como se explicará en breve, la vegetación de regiones boscosas como el oeste de Oregón es aún más rica en potasio y contiene menos de otros nutrientes vitales que la vegetación de otras zonas. Al cubrir su suelo de varios centímetros de espesor con estiércol y compost cada año, había saturado totalmente la tierra con potasio. Su capacidad de intercambio de cationes o, en lenguaje no técnico, la capacidad del suelo para retener otros nutrientes se había visto abrumada por el potasio y todo el fósforo, el calcio, el magnesio y otros nutrientes habían sido arrastrados en gran medida por la lluvia. Incluso era peor que eso. La calidad nutricional de las hortalizas cultivadas en ese suelo superhumoso era muy, muy baja y habría sido mucho más alta si hubiera utilizado pequeñas cantidades de abono y, horror de todos los horrores, fertilizantes químicos.

EL CLIMA Y LA CALIDAD NUTRICIONAL DE LOS ALIMENTOS

A lo largo del tiempo geológico, el agua que pasa por el suelo lixivia o elimina los nutrientes de las plantas. En los climas en los que apenas llueve lo suficiente para cultivar cereales, los suelos retienen sus minerales y los alimentos que se producen en ellos suelen ser muy nutritivos. En los climas verdes y lluviosos, el suelo pierde los nutrientes de las plantas y los alimentos que se cultivan allí son mucho menos nutritivos. Por eso los grandes rebaños de animales sanos se encontraban en praderas matorrales y semiáridas como las praderas americanas; en comparación, los bosques frondosos tienen cantidades mucho menores de biomasa animal.

Algunos nutrientes de las plantas se eliminan más fácilmente que otros. El primer mineral valioso que se pierde es el calcio. Los suelos semiáridos suelen conservar grandes cantidades de calcio. El nutriente más resistente a la lixiviación es el potasio. Los suelos forestales lixiviados suelen conservar cantidades relativamente grandes de potasio. William Albrecht observó estos datos y relacionó con ellos una serie de cambios bastante obvios y vitales en las cualidades nutricionales de las plantas que son causados por estas diferencias en la fertilidad del suelo. Por muy evidentes que sean, los trabajos de Albrecht no fueron considerados políticamente correctos por sus colegas ni por los grupos de interés que apoyaban la investigación agrícola a mediados del siglo XX, y sus contribuciones han sido en gran medida ignoradas. Peor aún, sus ideas no encajaban del todo con los prejuicios ideológicos de J.I. Rodale, por lo que los jardineros y agricultores ecológicos también desconocen la sabiduría de Albrecht.

Los suelos de las tierras secas contienen niveles mucho más altos de todos los minerales que los suelos lixiviados. Pero Albrecht especuló con que la diferencia clave entre estos suelos es la relación entre el calcio y el potasio. En los suelos de secano hay mucho más calcio que potasio, mientras que en los suelos más húmedos hay tanto o más potasio que calcio. Para probar su teoría, cultivó algunas semillas de soja en macetas. Una de las macetas tenía un suelo con una gran cantidad de calcio en relación con la cantidad de potasio, imitando el suelo de las praderas de las tierras secas. La otra maceta tenía la misma cantidad de calcio pero tenía más potasio, lo que le daba una proporción similar a un suelo agrícola de alta calidad del este de Estados Unidos. En ambos suelos crecieron muestras de plantas de soja de buen aspecto, pero cuando se analizó su contenido nutricional resultaron ser bastante diferentes.

El suelo enriquecido con potasio dio un 25% más de rendimiento a granel, pero la soja contenía un 25% menos de proteínas. El consumidor de esas plantas tendría que quemar aproximadamente un 30% más de carbohidratos para obtener la misma cantidad de aminoácidos vitales esenciales para todas las funciones corporales. Las plantas de tierra húmeda también contienen sólo un tercio de la cantidad de calcio, un nutriente esencial, cuya carencia a lo largo de varias generaciones provoca la reducción gradual del tamaño del esqueleto y el deterioro dental. También contienen sólo la mitad de fósforo, otro nutriente esencial. Su exceso de potasio no es necesario; los seres humanos que consumen dietas equilibradas suelen excretar grandes cantidades de potasio innecesario en su orina.

Albrecht analizó entonces docenas de muestras de vegetación procedentes tanto de suelos de secano como de suelos húmedos y observó en ellas diferencias similares a las de la soja cultivada en condiciones controladas.

Analizados en su conjunto, estos datos nos dicen mucho sobre cómo debemos gestionar nuestro suelo para producir los alimentos más nutritivos y sobre el uso juicioso del compost en el jardín también. Les pido que vuelvan a consultar estos tres pequeños gráficos mientras señalo una serie de conclusiones que pueden extraerse de ellos.

El problema nutricional básico que tienen todos los animales no consiste en encontrar alimentos energéticos, sino en cómo ingerir suficientes vitaminas, minerales y proteínas aprovechables. Lo que limita nuestra capacidad de ingerir nutrientes es la cantidad de volumen que podemos procesar, es decir, el número de calorías del alimento. En el caso de las vacas, por ejemplo, el volumen es el limitador. La vaca llenará completamente su tracto digestivo en todo momento y procesará toda la vegetación que pueda digerir cada día de su vida. Su salud depende de la cantidad de nutrientes que contenga ese volumen. En el caso de los humanos, nuestro estilo de vida moderno nos limita a consumir entre 1.500 y 1.800 calorías al día. Nuestra salud depende de la cantidad de nutrientes que acompañan a esas calorías.

Así que escribo la ecuación fundamental para la salud humana como sigue

SALUD = NUTRICIÓN EN LOS ALIMENTOS DIVIDIDA POR LAS CALORÍAS DE ESOS ALIMENTOS

Si los alimentos que ingerimos contienen todos los nutrientes que podrían contener los alimentos, y en las proporciones adecuadas, entonces obtendremos una nutrición suficiente mientras consumimos las calorías que necesitamos para suministrar energía. Sin embargo, en la medida en que nuestra dieta contenga alimentos desnaturalizados que suministren demasiada energía, nos faltará nutrición y nuestro cuerpo sufrirá una degeneración gradual. Por eso, alimentos como el azúcar y las grasas son menos saludables, ya que son fuentes concentradas de energía que contienen poca o ninguna nutrición. Los alimentos sin nutrición también contribuyen a la "hambre oculta", ya que el organismo anhela algo que le falta. El cuerpo come en exceso y se vuelve gordo y poco saludable.

Los gráficos de Albrecht nos muestran que los alimentos de los climas secos tienden a ser ricos en proteínas y minerales esenciales y, al mismo tiempo, bajos en calorías. Los alimentos de los climas húmedos tienden a tener más calorías y menos proteínas y minerales esenciales. Los escritos de Albrecht, así como los de Weston Price y Sir Robert McCarrison que figuran en la bibliografía, están llenos de ejemplos que muestran cómo la salud y la longevidad humanas están directamente asociadas a estas mismas variaciones en el clima, el suelo y la nutrición de los alimentos.

Albrecht señaló un ejemplo claro de que la fertilidad del suelo causa salud o enfermedad. En 1940, cuando Estados Unidos se preparaba para la Segunda Guerra Mundial, todos los hombres elegibles fueron convocados para un examen físico para determinar su aptitud para el servicio militar. En aquella época, los estadounidenses no se alimentaban de la misma manera que ahora. Los alimentos se producían y distribuían localmente. El pan se molía con harina local. La carne y la leche procedían de los agricultores locales. Las verduras y las patatas no venían todas de California. Las diferencias regionales en la fertilidad del suelo podían verse reflejadas en la salud de las personas.

El estado de Albrecht, Missouri, está dividido en varias regiones pluviométricas distintas. La parte noroeste es una pradera de hierba y recibe mucha menos humedad que la sección húmeda y boscosa del sureste. Si se comparan las pruebas de suelo a través de una línea diagonal trazada desde el noroeste hasta el sureste, imitarían exactamente las diferencias de perfil mineral causadas por el clima que Albrecht había identificado. No es de extrañar que 200 de cada 1.000 jóvenes reclutados no fueran aptos para el servicio militar en la parte noroeste de Missouri, mientras que 400 de cada 1.000 no eran aptos en la parte sureste. Y 300 de cada 1.000 no eran aptos en el centro del estado.

Otra conclusión interesante, y bastante aterradora, se puede extraer del segundo gráfico. Obsérvese que al aumentar la cantidad de potasio en la tierra para macetas, Albrecht aumentó el rendimiento general en un 25%, al tiempo que disminuía todos los demás aspectos nutricionales importantes. La mayor parte de este aumento del rendimiento fue en forma de carbohidratos, que en un cultivo alimentario equivale a calorías.

Los agrónomos también saben que la adición de fertilizantes de potasio aumenta en gran medida y de forma económica el rendimiento. Por ello, los suelos de las granjas americanas se dosifican rutinariamente con fertilizantes de potasio, aumentando el rendimiento y los beneficios a granel sin tener en cuenta la nutrición, o los costes finales en la salud pública. Los agricultores ecológicos a menudo tampoco entienden este aspecto de la nutrición de las plantas y pueden utilizar formas "orgánicas" de potasio para aumentar sus rendimientos y beneficios. Comprar alimentos cultivados ecológicamente no es garantía de que contengan lo último en nutrición.

Por lo tanto, si la salud proviene de prestar atención a la relación entre la nutrición y las calorías de nuestros alimentos, como jardineros que nos encargamos de crear una cantidad importante de nuestro propio forraje, podemos llevar esa ecuación un paso más allá:

SALUD = Nutrición/Calorías = Calcio/Potasio

Cuando decidimos cómo gestionar nuestros huertos, podemos tomar medidas para imitar los suelos de las tierras de secano, manteniendo los niveles de potasio más bajos y los niveles de calcio más altos.

Ahora mire con atención el tercer gráfico. La vegetación media de los suelos de secano contiene un poco más de potasio que de calcio (1,2:1), mientras que la vegetación media de los suelos de los humedales contiene muchas más veces más potasio que calcio (4,5:1). Cuando importamos estiércol o vegetación a los suelos de nuestros jardines o granjas, estamos añadiendo grandes cantidades de potasio. Aquellos de nosotros que vivimos en climas lluviosos que eran naturalmente boscosos lo tenemos mucho peor en este aspecto que aquellos de nosotros que cultivamos en las praderas o que cultivamos jardines de regadío en climas desérticos porque la misma vegetación y el estiércol que usamos para "construir" nuestros jardines contiene mucho más potasio mientras que la mayoría de nuestros suelos ya contienen todo lo que necesitamos y más.

Ahora debería estar claro para usted por qué algunos jardineros orgánicos reciben las pruebas de suelo como el hombre en mi conferencia. Incluso el analizador de suelos, aunque con formación científica y universitaria, no apreció la fuente real de la sobredosis de potasio. El probador concluyó que debían ser cenizas de madera, cuando en realidad el potasio procedía de la propia materia orgánica.

Llego a la conclusión de que la materia orgánica es un material algo peligroso cuyo uso debe limitarse a la cantidad necesaria para mantener el suelo básico y una ecología del suelo sana y compleja.

FERTILIZAR LOS JARDINES DE FORMA ORGÁNICA

Los científicos que analizan las conexiones entre la fertilidad del suelo y el valor nutricional de los cultivos han señalado repetidamente que los mejores cultivos se obtienen con abono y fertilizante. No sólo con abono y no sólo con compost. El mejor lugar para que los jardineros vean estos datos es el libro de Werner Schupan (que figura en la bibliografía).

Pero diga la palabra "fertilizante" a un jardinero ecológico y normalmente le levantará los pelos de punta. En realidad, no hay una relación directa entre las palabras "fertilizante" y "químico". Un fertilizante es cualquier fuente concentrada de nutrientes para las plantas que se hace disponible rápidamente en el suelo. En mi opinión, los productos químicos son los abonos más pobres; los abonos orgánicos son muy superiores.

El primer fertilizante que se vendió ampliamente en el mundo industrial fue el guano. Se trata de los excrementos secados al sol de las aves marinas que anidan y que se acumulan en gruesas capas en las islas rocosas de la costa de Sudamérica. El guano es una potente fuente de nutrientes similar al estiércol de pollo seco, que contiene grandes cantidades de nitrógeno, bastantes cantidades de fósforo y pequeñas cantidades de potasio. El guano es más potente que cualquier otro estiércol porque las aves marinas se alimentan de peces oceánicos, un alimento muy rico en proteínas y altamente mineralizado. Otros abonos orgánicos potentes son las harinas de semillas, la gallinaza pura y seca, los residuos de matadero, las algas secas y la harina de pescado.

El cultivo de la mayoría de las hortalizas requiere un nivel de fertilidad del suelo muy superior al que necesitan los cultivos de campo como los cereales, la soja, el algodón y el girasol. Los cultivos de campo pueden ser aceptablemente productivos en suelos ordinarios sin fertilización. Sin embargo, debido a que hemos gestionado nuestros suelos agrícolas como activos industriales que se deprecian, en lugar de como cuerpos vivos relativamente inmortales, su capacidad para suministrar nutrientes a las plantas ha disminuido y el agricultor medio suele tener que añadir nutrientes adicionales en forma de fertilizantes concentrados de rápida liberación si quiere obtener un cultivo rentable.

Las hortalizas son mucho más exigentes que los cultivos de campo. Hace tiempo que se han adaptado a crecer en potentes abonos o en fuertes estiércoles como el estiércol fresco de caballo o el de gallina. Plantadas y alimentadas como el trigo, la mayoría se negarían a crecer o, si sobrevivieran en un campo de trigo, las hortalizas no producirían las partes suculentas y tiernas que consideramos valiosas.

La creación de niveles de nutrientes para las plantas más altos de lo normal puede hacerse con grandes adiciones de compost y estiércol potentes. En las zonas semiáridas del país, donde la vegetación mantiene una proporción beneficiosa de calcio y potasio, los alimentos cultivados de esta manera serán bastante nutritivos. En las zonas de mayor pluviosidad, el aumento de la fertilidad del suelo hasta niveles vegetales se consigue mejor con fertilizantes. Los datos de la sección anterior dan razones de peso para que muchos jardineros limiten la adición de materia orgánica en el suelo a un nivel que mantenga una ecología del suelo saludable y una labranza aceptable. En lugar de complementar el compost con fertilizantes químicos de baja calidad, recomiendo hacer y utilizar una mezcla completa de fertilizantes orgánicos para aumentar la fertilidad mineral.

ELABORACIÓN Y USO DE UN FERTILIZANTE ORGÁNICO COMPLETO

Los ingredientes básicos utilizados para la elaboración de fertilizantes orgánicos equilibrados pueden variar y lo que decida dependerá en gran medida de su lugar de residencia. La harina de semillas suele formar el cuerpo de la mezcla. Las harinas de semillas tienen un alto contenido en nitrógeno y son moderadamente ricas en fósforo, ya que las plantas concentran la mayor parte del fósforo que recogen durante todo su ciclo de crecimiento en sus semillas para que sirvan para dar un buen comienzo a la siguiente generación. Las harinas de semillas contienen cantidades bajas pero más que adecuadas de potasio.

El primer mineral que se elimina por lixiviación es el calcio. La adición de cal puede marcar la diferencia en suelos húmedos. La cal dolomita también añade magnesio y es la forma preferible de cal para usar en una mezcla de fertilizantes en la mayoría de los suelos. El yeso puede sustituir a la cal en las zonas áridas, donde los suelos son naturalmente alcalinos, pero aún así pueden beneficiarse del calcio adicional. La harina de algas contiene valiosos oligoelementos. Si tuviera poco dinero, primero eliminaría la harina de algas y luego la fuente de fosfato.

Todos los ingredientes que entran en esta fórmula se miden por volumen y las medidas pueden ser muy aproximadas: por saco, por cucharada o por lata de café. Puedes mantener los ingredientes separados y mezclar el fertilizante por cubos según sea necesario o puedes verter el contenido de media docena de sacos variados en una acera de hormigón o en el camino de entrada y mezclarlos con una pala y luego guardar la mezcla en cubos de basura o incluso en los sacos originales en los que venían los ingredientes.

Esta es mi fórmula.

4 partes por volumen: Cualquier harina de semillas, como harina de algodón, harina de soja, harina de girasol, harina de canola, harina de lino, cártamo, harina de cacahuete o harina de coco. Los jardineros con bolsillos profundos y narices insensibles también

pueden utilizar harina de pescado. Los jardineros sin escrúpulos vegetarianos pueden utilizar harina de carne, polvo de cuero, harina de plumas u otros residuos de matadero.

1 parte en volumen: Harina de huesos o fosfato de roca

1 parte en volumen: Cal, preferiblemente dolomita en la mayoría de los suelos.

(Los suelos derivados de la roca serpentina contienen niveles casi tóxicos de magnesio y no deben recibir dolomita. Los suelos alcalinos pueden seguir beneficiándose del calcio adicional y deberían recibir yeso en lugar de cal ordinaria).

1/2 parte en volumen: harina de algas o cualquier otra alga seca.

Para utilizar este fertilizante, esparza y aplique aproximadamente un galón por cada 100 pies cuadrados de lecho de cultivo o 50 pies de hilera. Esto es suficiente para todas las hortalizas de baja demanda como zanahorias, judías y guisantes.

Para las especies más necesitadas, mezcle uno o dos puñados adicionales en aproximadamente un galón de tierra debajo de los trasplantes o en la colina. Si se planta en hileras, corte un surco profundo, espolvoree aproximadamente una pinta de fertilizante por cada 10-15 pies de hilera, cubra el fertilizante con tierra y luego corte otro surco para sembrar las semillas a unos cinco centímetros de distancia. Ubicar las concentraciones de nutrición cerca de las semillas o las plántulas se llama "anillado".

Tengo un grueso archivo de cartas agradeciéndome por sugerir el uso de esta mezcla de fertilizantes. Si has estado "construyendo tu suelo" durante años, o si tus hortalizas nunca parecen crecer tan grandes o lujuriosamente como imaginas que deberían, te sugiero encarecidamente que experimentes con un pequeño lote de esta mezcla. ¿No le gustaría tener cabezas de brócoli de 8 a 12 pulgadas de diámetro? ¿O plantas de calabacín que no dejaran de producir?

CÓMO HACER UN COMPOST SUPERIOR

La potencia de los abonos puede variar mucho. La mayoría de los compost de residuos sólidos municipales tienen una alta proporción de carbono y nitrógeno y, cuando se introducen en el suelo, provocan temporalmente lo contrario de una buena respuesta de crecimiento hasta que los animales y microorganismos del suelo consumen la mayor parte del papel no digerido. Pero si el compost de baja calidad se utiliza como mantillo superficial en plantas ornamentales, los resultados suelen ser bastante satisfactorios, aunque no sean espectaculares.

Si el objetivo de su propio compostaje es eliminar cómodamente los residuos del jardín y la basura de la cocina, la información de la primera mitad del libro es todo lo que necesita saber. Si necesita que el compost sea algo que haga crecer las plantas de forma fiable como si fuera un fertilizante, entonces este capítulo es para usted.

UN POCO DE HISTORIA

Antes del siglo XX, los fertilizantes que utilizaban los hortelanos eran potentes abonos y compost. Los huertos de la gente del campo también recibían los mejores abonos y composts disponibles mientras que los cultivos de campo recibían el resto. Así que he aprendido mucho de la antigua literatura agrícola y de horticultura sobre el uso de abonos animales. En siglos anteriores, los agricultores clasificaban los abonos por tipo y pureza. Había estiércol "largo" y "corto", y luego estaba el estimulante supremo del crecimiento de las plantas, la gallinaza.

El estiércol de pollo siempre ha sido muy apreciado, pero suele escasear porque las aves preindustriales no estaban enjauladas en fábricas ni encerradas permanentemente en gallineros y alimentadas con mezclas científicamente formuladas. La raza de gallina de esa época solía ser un tipo de gallina bantam, medio salvaje, con celo, protectora de los polluelos y capaz de buscar comida. Un sistema típico de gestión de gallinas a pequeña escala antes de 1900 consistía en permitir a la manada el libre acceso a la caza de su propia comida en el corral y el huerto, atrayéndolas al gallinero al anochecer con un poco de grano, donde quedaban protegidas de los depredadores mientras dormían indefensas. Se recogía algo de estiércol del gallinero, pero la mayor parte se tiraba donde no se podía recoger. La búsqueda diaria de huevos merecía la pena porque, antes de la era de los pesticidas, el hecho de que las gallinas recorrieran el huerto reducía en gran medida los problemas con los insectos en la fruta.

La gran potencia del estiércol de las gallinas se debe a su dieta de baja relación C/N: lombrices, insectos, brotes tiernos de hierba nueva y otras verduras y semillas proteicas. Los pollos del siglo XX que "viven" en fábricas de huevos y carne deben seguir alimentándose con alimentos de baja relación C/N, principalmente cereales, y su estiércol sigue siendo potente. Pero cualquiera que haya saboreado los verdaderos huevos de corral con yugos de color naranja intenso de gallinas con una dieta adecuada no puede estar contento con lo que pasa por "huevos" hoy en día.

Abonar con estiércol de pollo puro no es muy diferente de utilizar granos de cereales molidos o harinas de semillas. Está tan concentrado que podría quemar las hojas de las plantas como lo hace el fertilizante químico y debe aplicarse con moderación al suelo. Provoca una respuesta de crecimiento marcada y vigorosa. Dos o tres galones de estiércol de pollo fresco y seco son suficientes para hacer crecer al máximo unos 100 pies cuadrados de hortalizas en camas elevadas.

Incorporar exclusivamente estiércol de pollo puro en un huerto también provoca una rápida pérdida de humus, igual que si se utilizaran fertilizantes químicos. Cualquier sustancia fertilizante con una relación C/N inferior a la del humus estabilizado, ya sea una sustancia química o natural, acelera la disminución de la materia orgánica del suelo. Esto se debe a que el nitrógeno nítrico, clave para la construcción de toda proteína, suele ser el principal factor que limita la población de microorganismos del suelo. Cuando el nivel de nitrato del suelo se incrementa significativamente, las poblaciones de microbios aumentan proporcionalmente y proceden a comer materia orgánica a un ritmo acelerado.

Por eso, pequeñas cantidades de fertilizante químico aplicadas a un suelo que todavía contiene una cantidad razonable de humus tienen un efecto tan poderoso. No sólo el propio fertilizante estimula el crecimiento de las plantas, sino que el fertilizante aumenta la población microbiana. Más microbios aceleran la descomposición del humus y se liberan aún más nutrientes para las plantas a medida que la materia orgánica se descompone. Por ello, los agricultores y jardineros holísticos critican erróneamente los fertilizantes químicos por considerarlos directamente destructivos para los microbios del suelo. En realidad, todos los fertilizantes, químicos u orgánicos, dañan _indirectamente_ la vida del suelo, aumentando primero sus poblaciones a niveles insostenibles que disminuyen notablemente una vez que se ha consumido suficiente materia orgánica. A menos, claro está, que la materia orgánica sea reemplazada.

El compost de gallinaza es otra cosa. Mezcle el estiércol puro con paja, serrín u otra cama, compóstelo y, dependiendo de la cantidad y la cantidad de cama utilizada y del tiempo permitido para que se produzca la descomposición, la relación C/N resultante será de alrededor de 12:1 o superior. Cualquier compost madurado en torno a 12:1 seguirá haciendo crecer las plantas maravillosamente. El rendimiento disminuye a medida que aumenta la relación C/N.

Como el estiércol de pollo era escaso, la mayoría de los horticultores anteriores al siglo XX dependían de suministros aparentemente ilimitados de "estiércol corto", generalmente procedente de caballos. La diferencia entre el estiércol "largo" y el "corto" era la cama. El estiércol largo contenía paja del establo, mientras que el corto era puro barrido de la calle sin adulterantes. Con suerte, la parte de paja del estiércol largo había absorbido una cantidad de orina.

La gente de aquella época conocía los detalles de la calidad del heno tan bien como la gente de hoy conoce su gasolina. Los caballos que debían realizar una jornada de trabajo eran alimentados con hierba o con mezclas de hierba y trébol que habían sido cortadas y secadas cuando aún tenían un alto contenido en proteínas. El heno frondoso era muy apreciado, mientras que el heno que, tras una inspección minuciosa, mostraba muchos tallos y cabezas de semillas, era rechazado por un comprador inteligente. La dieta del caballo de trabajo se complementaba con una ración diaria de grano. Por lo tanto, el estiércol fresco no compostado probablemente comenzaba con una relación C/N de alrededor de 15:1. Sin embargo, no cuente con algo tan bueno de los caballos hoy en día. La mayoría de los caballos no trabajan a diario, por lo que su forraje suele ser pobre. A juzgar por el heno de hierba cortada demasiado tarde que nuestros caballos locales tienen que tratar de sobrevivir, si pudiera encontrar estiércol de caballo sin cama probablemente tendría una relación C/N más de 20:1. El estiércol de caballos de carreras de pura sangre en buen estado físico es probablemente excelente.

El uso de estiércol de caballo fresco en la tierra daba a muchas hortalizas un sabor áspero, por lo que primero se compostó mezclándolo con algo de tierra (una buena idea porque, de lo contrario, se escaparía una gran cantidad de amoníaco del montón). Los horticultores que cultivan cosechas muy exigentes, como la coliflor y el apio, modificaban el estiércol corto compostado por una capa de unos centímetros de grosor. Los cultivos menos exigentes en nutrientes, como las judías rojas, la lechuga y las raíces, siguieron a estas hortalizas abonadas intensamente sin más abono.

Los abonos largos con mucha paja se consideraban útiles sólo para los cultivos de campo o las hortalizas de raíz. Los agricultores más sabios conservaban el nitrógeno y compostan rápidamente los abonos largos. Después de calentar y voltear, la relación C/N resultante sería probablemente algo inferior a 20:1. Después de labrarlo, se dejaba un corto periodo de tiempo mientras el suelo digería este compost antes de sembrar las semillas. Los agricultores perezosos esparcían el estiércol crudo carga a carga, tal y como llegaba del granero, y lo labraban una vez cubierto todo el campo. Este método fácil permite que gran parte del nitrógeno se escape en forma de amoníaco mientras el estiércol se seca al sol. A los horticultores comerciales les resultaba poco útil el estiércol largo.

Uno de los puntos de esta breve lección de historia es GIGO: garbage in, garbage out. El compost terminado tiende a tener una relación C/N que está relacionada con los ingredientes que construyeron el montón. Los cultivadores de hortalizas tomarán sabiamente nota.

Cualquiera que esté interesado en aprender más sobre la horticultura preindustrial puede pedir a su bibliotecario que busque un libro llamado _French Gardening_ de Thomas Smith, publicado en Londres hacia 1905. Este pequeño y fascinante libro fue escrito para animar a los hortelanos británicos a imitar a los marcier parisinos, que obtenían hábilmente los mejores rendimientos cultivando productos fuera de temporada en camas elevadas intensivas de doble excavación, a menudo bajo marcos calientes o fríos de cristal. Nuestros gurús americanos de la biodinámica intensiva francesa de moda se inspiraron en Inglaterra a través de esta tradición.

CURAR EL MONTÓN

La forma más fácil y segura de mejorar la calidad del compost es el tiempo. Hacer una pila con materiales predominantemente de baja relación C/N resulta inevitablemente en un compost potente si la pérdida de nitratos se mantiene al mínimo. Pero el C/N de casi cualquier pila de compost, incluso una que empiece con un C/N alto, acabará bajando. La palabra clave aquí es eventualmente. La descomposición más dramática ocurre durante las primeras vueltas cuando la pila está caliente. Mucha gente, incluidos los escritores de libros de jardinería, piensan erróneamente que el compostaje termina cuando la pila se enfría y el material ya no se parece a lo que formaba el montón. Esto no es cierto. Mientras un montón de compost se mantenga húmedo y se remueva de vez en cuando, seguirá descomponiéndose. "Curado" o "maduración" son términos utilizados para describir lo que ocurre una vez que el calentamiento ha terminado.

Mientras la pila está madurando, predomina una ecología diferente de microorganismos. Si el montón contiene entre un 5 y un 10 por ciento de tierra, se mantiene húmedo, se remueve de vez en cuando para que se mantenga aeróbico y tiene un equilibrio mineral completo, puede producirse una considerable fijación bacteriana de nitrógeno.

La mayoría de los jardineros están familiarizados con los microbios que nodulan las raíces de las legumbres. Llamados rizobios, estas bacterias son capaces de fijar grandes cantidades de nitrógeno nítrico en poco tiempo. Los rizobios tienden a estar inactivos cuando hace calor porque el propio suelo está aportando nitratos a partir de la descomposición de la materia orgánica. Los cultivos de leguminosas de verano, como los guisantes y las judías rojas, tienden a ser consumidores netos de nitratos, no fabricantes de más nitratos de los que pueden utilizar. Ten en cuenta esto cuando leas en libros y artículos de jardinería poco documentados las ventajas de intercalar legumbres con otros cultivos porque supuestamente generan nitratos que "ayudan" a sus compañeros.

Pero durante la primavera o el otoño, cuando las bajas temperaturas del suelo retrasan la descomposición, los rizobios pueden fabricar de 80 a 200 libras de nitratos por acre. Los guisantes, los tréboles, la alfalfa, las vezas y las habas pueden hacer importantes aportaciones de nitrógeno nítrico y los agricultores inteligentes prefieren cultivar su nitrógeno mediante legumbres de abono verde. Los agricultores inteligentes también saben que este nitrato, aunque se produce en los nódulos de las raíces, es utilizado por las legumbres para el crecimiento de las hojas y el tallo. Por lo tanto, hay que cultivar toda la legumbre si se quiere obtener una ganancia neta de nitrógeno. Esta sabia práctica aumenta simultáneamente la materia orgánica.

Los rizobios no pueden estar activos en las pilas de compost, pero otra clase de microbios sí. Denominados azobacterias, estos habitantes del suelo de vida libre también producen nitrógeno nítrico. Su contribución no es potencialmente tan grande como la de los rizobios, pero para fomentar las azobacterias no hay que tomar ninguna medida especial, aparte de mantener un nivel decente de humus para que se alimenten, un suministro equilibrado de minerales que incluya una cantidad adecuada de calcio y un pH del suelo entre 5,75 y 7,25. Un cultivo de trigo de alto rendimiento necesita de 60 a 80 libras de nitratos por acre. El maíz y la mayoría de las hortalizas pueden utilizar el doble de esa cantidad. Las azobacterias pueden producir lo suficiente para el trigo, aunque una contribución media de nitratos en buenas condiciones de suelo podría ser más bien de 30-50 libras por año.

Una vez que la pila de compost se ha enfriado, las azobacterias proliferan y empiezan a fabricar cantidades significativas de nitratos, reduciendo constantemente la relación C/N. Y el carbono nunca deja de ser digerido, disminuyendo aún más la relación C/N. La fase rápida del compostaje puede terminar en unos meses, pero la maduración puede prolongarse durante muchos más meses si es necesario.

Alimentar a las lombrices con compost sin madurar es quizá la forma más rápida de reducir la relación C/N y hacer una potente enmienda del suelo. Una vez que el alto calor de la descomposición ha pasado y el montón se está enfriando, suele ser invadido por lombrices rojas, la misma especie que se utiliza para el vermicompostaje de la basura de la cocina. Estas lombrices no podrían comer el material de alto C/N que entraba en la pila, pero tras el calentamiento, el C/N medio probablemente ha bajado lo suficiente como para ser adecuado para ellas.

La operación de compostaje municipal en Fallbrook, California, hace un uso inteligente de este método para producir una menor cantidad de producto de alta calidad a partir de una mayor cantidad de ingredientes de baja calidad. Primero se compostan mezclas de lodos de depuradora y residuos sólidos municipales y, después de enfriarse, el compost de alta relación C/N a medio hacer se extiende a poca profundidad sobre lechos de lombrices crudas y se mantiene húmedo. A medida que las lombrices consumen los residuos, se añade más compost crudo, de forma parecida a como se hace en una caja de lombrices doméstica. Los lechos de lombrices se elevan gradualmente. La parte inferior de estos montículos es puro excremento, mientras que la actividad de las lombrices se mantiene más cerca de la superficie, donde hay alimento disponible. Cuando los lechos han crecido hasta un metro de altura, los pocos centímetros de superficie que contienen lombrices y alimentos no digeridos se raspan y se utilizan para formar nuevos lechos de vermicompostaje. Los excrementos que se encuentran a continuación se consideran compost terminado. Según los análisis de laboratorio, las coladas contienen tres o cuatro veces más nitrógeno que el compost crudo con el que se alimenta a las lombrices.

El mercado ofrece un excelente indicador de la diferencia entre su compost crudo y las coladas de lombriz. Aunque Fallbrook está rodeado de grandes extensiones de terreno dedicadas a los huertos de cítricos y a las hortalizas en hilera, el municipio tiene dificultades para deshacerse del producto bruto. Pero su vermicompost tiene una gran demanda.

EL MÉTODO INDORE DE SIR ALBERT HOWARD

Los agricultores y hortelanos del siglo XIX tenían muchos conocimientos prácticos sobre el uso de abonos y la elaboración de compost que funcionaban como fertilizantes, pero se sabía poco sobre el proceso microbiano real del compostaje hasta nuestro siglo. A medida que se fue conociendo la ecología del compost, un individuo brillante, Sir Albert Howard, incorporó la nueva ciencia de la microbiología del suelo a su compostaje y, mediante pacientes experimentos, aprendió a hacer un compost superior

En la década de 1920, Albert Howard estaba a cargo de una granja de investigación del gobierno en Indore, India. En el fondo era un voluntario de los Cuerpos de Paz, y consiguió que Indore funcionara como una granja india muy representativa, cultivando los principales productos básicos de la agricultura local: algodón, caña de azúcar y cereales. La granja funcionaba con los mismos bueyes de trabajo que utilizaban los agricultores de los alrededores. Para Howard habría sido fácil demostrar un mejor rendimiento gracias a la alta tecnología, comprando fertilizantes químicos o utilizando residuos de harina de semillas procedentes de la extracción de petróleo, utilizando tractores y cultivando nuevas variedades de alto rendimiento que pudieran aprovechar una nutrición más intensa del suelo. Pero estos insumos no eran asequibles para el agricultor indio medio y el propósito de Howard era ofrecer una ayuda genuina a sus vecinos demostrando métodos que ellos podían pagar y utilizar fácilmente.

Al principio de su trabajo en Indore, Howard observó que los suelos del distrito eran básicamente fértiles pero bajos en materia orgánica y nitrógeno. Esta deficiencia parecía deberse a las prácticas de despilfarro tradicionales relativas a los abonos y los residuos agrícolas. Así que Howard empezó a desarrollar métodos para compostar los residuos de la agricultura, fabricando suficiente fertilizante de alta calidad para abastecer a toda la granja. Pronto, la granja de investigación de Indore estaba disfrutando de rendimientos récord sin tener problemas de insectos o enfermedades, y sin comprar fertilizantes o semillas comerciales. Y lo que es más importante, los animales de trabajo, alimentados exclusivamente con forraje del suelo rico en humus de Indore, se volvieron invulnerables a las enfermedades del ganado. Su brillante salud y su buen estado se convirtieron en la envidia del distrito.

Lo más significativo es que Howard sostenía que su método no sólo conservaba el nitrógeno del estiércol del ganado y de los residuos de las cosechas, no sólo conservaba la materia orgánica que producía la tierra, sino que elevaba los procesos de toda la explotación a un clímax ecológico de máxima salud y producción. La conservación del estiércol y el compostaje de los residuos de las cosechas le permitieron aumentar la materia orgánica del suelo, lo que incrementó la liberación de nutrientes del suelo a partir de las partículas de roca que aumentaron aún más la producción de biomasa, lo que le permitió hacer aún más compost y así sucesivamente. Lo que acabo de describir no es sorprendente, es simplemente una variación de la buena agricultura que algunos humanos conocen desde hace milenios.

Lo verdaderamente revolucionario fue la afirmación de Howard sobre el aumento de los nitratos netos. Con un suave eufemismo, Howard afirmaba que su compost era realmente superior a todo lo conocido hasta entonces. El compost de Indore tenía las siguientes ventajas: no se perdía nitrógeno ni materia orgánica de la granja por el mal manejo de los residuos agrícolas; el nivel de humus de los suelos de la granja aumentaba hasta un nivel máximo sostenible; y, la cantidad de nitrógeno nítrico en el compost terminado era mayor que la cantidad total de nitrógeno contenida en los materiales que formaban la pila. El compost de Indore suponía una ganancia neta de nitrógeno nítrico. La fábrica de compost también era una fábrica biológica de nitratos.

Howard publicó los detalles del método de Indore en 1931 en un delgado libro titulado "Los residuos de la agricultura". El libro, muy leído, le valió invitaciones para visitar plantaciones en todo el Imperio Británico. Animó a los agricultores de todo el mundo a fabricar compost con el método Indore. Los viajes, los contactos y la nueva conciencia de los problemas de la agricultura europea fueron los responsables de la decisión de Howard de crear un movimiento de agricultura y jardinería ecológica.

Howard advirtió repetidamente en "Los residuos de la agricultura" que si se alteraban los fundamentos de su proceso, no se obtendrían resultados superiores. Ese era su punto de vista en 1931. Sin embargo, siendo los humanos lo que somos, no parece posible que se difunda una buena tecnología sin que cada usuario intente mejorarla y adaptarla a su propia situación y entendimiento. En 1940, el término "Indore compost" se había convertido en un término genérico para cualquier tipo de compost hecho en un montón sin el uso de productos químicos, de la misma manera que "Rototiller" ha llegado a significar cualquier rotarytiller accionado por motor.

Las preocupaciones de Howard en 1931 eran correctas -casi todas las alteraciones del sistema original de Indore disminuían su valor- pero el Howard de 1941 no se resistió a esta tendencia diluyente porque en una era de agricultura química cualquier compost era mejor que ningún compost, cualquier retorno de humus mejor que ninguno.

Aun así, creo que es útil volver a la granja de investigación de Indore de los años 20 y estudiar de cerca cómo Albert Howard hizo una vez el mejor compost del mundo, y encontrar los pensamientos de este gran hombre antes de que se convirtiera en un ideólogo cruzado, totalmente opuesto a cualquier uso de productos químicos agrícolas. En "Los residuos de la agricultura" se encuentran todavía muchas lecciones valiosas. Desgraciadamente, aunque muchos jardineros orgánicos están familiarizados con los últimos trabajos de Sir Albert Howard el reformador, Albert Howard el científico e investigador, que escribió este libro, es prácticamente desconocido hoy en día.

En Indore se compostó todo el material vegetal disponible, incluido el estiércol y la paja de la cama del cobertizo del ganado, los residuos de las cosechas no consumidos, las hojas caídas y otros residuos forestales, las malas hierbas y los abonos verdes cultivados específicamente para la elaboración de compost. También se incluyó toda la orina del cobertizo del ganado -en forma de tierra de orina- y todas las cenizas de madera de cualquier fuente de la granja. Al estar en el trópico, la fabricación de compost se realizaba durante todo el año. Sobre el resultado, Howard afirmó que

"El producto es un mantillo de hojas finamente dividido, de alto poder nitrificante, listo para su uso inmediato [sin inhibir temporalmente el crecimiento de las plantas]. El fino estado de división permite que el compost se incorpore rápidamente y ejerza su máxima influencia en una zona muy amplia de la superficie interna del suelo."

Howard subrayó que, para que el método de Indore funcione de forma fiable, la proporción entre el carbono y el nitrógeno del material que entra en la pila debe estar siempre en el mismo rango. Cada vez que se construía un montón se mezclaba el mismo surtido de residuos de cultivos con las mismas cantidades de estiércol fresco y tierra de orina. Al igual que en mi analogía con la elaboración del pan, Howard aseguraba la repetibilidad de los ingredientes.

Todos los materiales duros y leñosos -Howard los llamaba "refractarios"- debían romperse a fondo antes del compostaje, pues de lo contrario la fermentación no sería vigorosa, rápida y uniforme en todo el proceso. Este ablandamiento mecánico se lograba hábilmente, sin necesidad de maquinaria, esparciendo por los caminos de la granja residuos de cultivos resistentes como la paja de los cereales o los tallos de los guisantes y del algodón, dejando que las ruedas de los carros, las pezuñas de los bueyes y el tráfico peatonal los desmenuzaran.

La descomposición debe ser rápida y aeróbica, pero no demasiado. Y no demasiado caliente. De forma intencionada, no se permitió que las pilas de compost de Indore alcanzaran las temperaturas más altas posibles. Durante el primer ciclo de calentamiento, las temperaturas máximas fueron de unos 140 grados. Al cabo de dos semanas, cuando se dio la primera vuelta, las temperaturas habían bajado a unos 125 grados, y a partir de ahí disminuyeron gradualmente. Howard restringió hábilmente el suministro de aire y la masa térmica para "apuntalar los fuegos" de la descomposición. Esta moderación fue la clave para evitar la pérdida de nitrógeno. Se tomaron medidas para regar los montones cuando fuera necesario, para voltearlos varias veces y para utilizar un novedoso sistema de inoculación masiva con los hongos y bacterias adecuados. En breve hablaré de cada uno de estos temas en detalle. Howard se alegró de que no fuera necesario aceptar la pérdida de nitrógeno en ningún momento y de que ocurriera lo contrario. Una vez que el C/N había descendido lo suficiente, el material se incorporaba rápidamente al suelo, donde el nitrógeno nítrico se conservará mejor. Pero el suelo no es capaz de hacer dos trabajos a la vez. No puede digerir la materia orgánica bruta y simultáneamente nitrificar el humus. Por lo tanto, el compost debe estar terminado y completamente maduro en el momento de la labranza para que:

". . . no debe haber ninguna competencia seria entre las últimas etapas de descomposición del compost y el trabajo del suelo en el crecimiento del cultivo. Esto se consigue llevando la fabricación de humus hasta el momento en que la nitrificación está a punto de comenzar. De esta manera, el principio chino de dividir el crecimiento de un cultivo en dos procesos separados -(1) la preparación de los materiales de alimentación fuera del campo, y (2) el crecimiento real del cultivo- puede ser introducido en la práctica agrícola general."

Y como realmente vivió en una granja, Howard hizo especial hincapié en que el compostaje debe ser higiénico e inodoro y que no se debe permitir que las moscas se reproduzcan en el compost o alrededor del ganado de trabajo. La vida en el campo puede ser bastante idílica... sin moscas.

LA FÁBRICA DE COMPOST DE INDORE

En Indore, Howard construyó una fábrica de compostaje cubierta y abierta que albergaba fosas poco profundas, cada una de 30 pies de largo por 14 pies de ancho y 2 pies de profundidad con lados inclinados. Las fosas estaban lo suficientemente espaciadas como para que los carros cargados tuvieran acceso a todos los lados de cualquiera de ellas y un sistema de tuberías acercaba el agua a cada una. Todos los materiales que se iban a compostar se almacenaban junto a la fábrica. Los bueyes de trabajo de Howard estaban convenientemente alojados en el edificio contiguo.

TIERRA Y ORINA

Howard se había criado en una granja inglesa y desde pequeño había aprendido las costumbres de los animales de trabajo y cómo hacerlos sentir cómodos. Así que, para la comodidad de sus pies, el cobertizo para el ganado y su corral de descanso techado adjunto tenían suelos de tierra. Toda la tierra extraída de las fosas de ensilado, los barridos polvorientos de las eras y el limo de las acequias se almacenaban cerca del cobertizo del ganado y se utilizaban para absorber la orina del ganado de trabajo. Esta tierra se esparcía a unos quince centímetros de profundidad en los establos y en el corral de descanso. Aproximadamente tres veces al año se raspaba y se sustituía por tierra fresca, la tierra saturada de orina se secaba y se almacenaba en un recinto cubierto especial para ser utilizada para hacer compost.

La presencia de esta tierra en el montón era esencial. En primer lugar, la tierra negra de Indore estaba bien provista de calcio, magnesio y otros nutrientes para las plantas. Estos elementos básicos evitaban que los montones se volvieran demasiado ácidos. Además, la arcilla del suelo se incorporaba de forma única a la pila para que lo cubriera todo. La arcilla tiene una gran capacidad para absorber el amoníaco, lo que evita la pérdida de nitrógeno. El recubrimiento de arcilla también retiene la humedad. Sin tierra, "nunca se obtiene rápidamente un crecimiento micelial uniforme y vigoroso". Howard dijo que "los hongos son las tropas de asalto del proceso de compostaje, y deben ser provistos de todo el armamento que necesitan".

RESIDUOS DE CULTIVOS

Los residuos de las cosechas se protegían de la humedad y se almacenaban en seco y a cubierto cerca de la fábrica de compost. Los materiales verdes se marchitaban primero al sol durante unos días antes de su almacenamiento. Los materiales refractarios se esparcían por los caminos de la granja y eran aplastados por el tráfico peatonal y las ruedas de los carros antes de ser apilados. Todas estas formas de vegetación se colocaban en capas finas a medida que se recibían para que las pilas de almacenamiento en seco se mezclaran a fondo. Para preservar la mezcla, se cortaban rodajas verticales de las pilas cuando la vegetación se llevaba a las fosas de compostaje. Howard dijo que el promedio de C/N de esta vegetación mezclada era de aproximadamente 33:1. Cada pila de compost realizada durante todo el año se construía con este complejo surtido de vegetación que tenía las mismas propiedades y la misma relación C/N.

Los materiales duros y leñosos, como la caña de azúcar, los tocones de mijo, las virutas de madera y el papel usado, recibían un tratamiento previo especial. Primero se vertían en una fosa de compostaje vacía, se mezclaban con un poco de tierra y se mantenían húmedos hasta que se ablandaban. O bien se remojaban en agua durante unos días y se añadían a la cama bajo el ganado de trabajo. Se tenía mucho cuidado al manipular la cama del ganado para asegurarse de que no se criaran moscas en ella.

ESTIÉRCOL

Aunque los desechos de las cosechas y la tierra de orina podían almacenarse en seco para su posterior uso, el estiércol, el ingrediente clave del compost de Indore, tenía que utilizarse fresco. El estiércol fresco de vaca contiene bacterias procedentes del rumen de la vaca que son esenciales para la rápida descomposición de la celulosa y otros vegetales secos. Sin su abundante presencia, el compostaje no comenzaría tan rápidamente ni avanzaría con tanta seguridad.

Se hizo todo lo posible por llenar una fosa hasta el borde en el plazo de una semana. Si no había suficiente material para llenar una fosa entera en una semana, entonces se llenaba una parte de una fosa hasta arriba. Para mantener una buena aireación, se hacía todo lo posible para evitar pisar el material mientras se llenaba la fosa. A medida que las mezclas de estiércol y cama se sacaban del cobertizo para el ganado, se colocaban en capas finas sobre capas finas de vegetación mixta traída de las reservas secas amontonadas junto a la fábrica de compost. Cada capa se mojaba a fondo con una pasta de arcilla compuesta por tres ingredientes: agua, tierra de orina y material en descomposición activa procedente de una fosa de compost adyacente que se había llenado unas dos semanas antes. Así se aseguraba que todas las partículas del montón estuvieran húmedas y recubiertas de tierra rica en nitrógeno y de los microorganismos de la descomposición. Hoy en día, llamaríamos a esta práctica "inoculación en masa".

FOSAS FRENTE A MONTONES

India tiene dos estaciones principales. La mayor parte del año es calurosa y seca, mientras que las lluvias del monzón llegan desde las dunas hasta septiembre. Durante el monzón, cae tanta agua de forma continua que la tierra se satura por completo. Aunque las fosas estuvieran bajo techo, se llenaban de agua durante este periodo. Por eso, durante el monzón, el compost se hacía en montones bajos sobre el suelo. En comparación con las enormes fosas, sus dimensiones eran más pequeñas de lo que cabría esperar: 7 x 7 pies en la parte superior, 8 x 8 pies en la base y no más de 2 pies de altura. Cuando empezaban las lluvias, el compost que se completaba en las fosas se trasladaba a los montones sobre el suelo cuando se volteaba.

Howard conseguía varias cosas utilizando fosas poco profundas o montones bajos pero muy amplios. En primer lugar, se reducían las masas térmicas, por lo que las temperaturas no podían alcanzar los máximos posibles durante el compostaje. Las fosas eran mejores que los montones porque el flujo de aire se reducía aún más, ralentizando la fermentación, mientras que su poca profundidad seguía permitiendo una aireación suficiente. Había suficientes fosas cubiertas para empezar una nueva pila cada semana.

VOLTEO

El volteo del compost se realiza tres veces: Para asegurar una descomposición uniforme, para restaurar la humedad y el aire, y para suministrar cantidades masivas de esos tipos de microbios necesarios para llevar el proceso de compostaje a su siguiente etapa.

La primera vuelta fue a los dieciséis días aproximadamente. Una segunda inoculación masiva, equivalente a unas cuantas carretillas llenas de material de compostaje de 30 días de antigüedad, se tomó de una fosa adyacente y se esparció en la superficie de la fosa que se estaba volteando. A continuación, se excavó una mitad de la fosa con una horquilla de estiércol y se colocó sobre la primera mitad. Se añadía una pequeña cantidad de agua, si era necesario, para mantener la humedad. Ahora el abono ocupaba la mitad de la fosa, un espacio de unos 15 x 14 y tenía unos tres pies de altura, sobresaliendo de la tierra unos 30 centímetros. Durante los monzones, cuando se utilizaban los montones sobre el suelo, también se inoculaban en masa y luego se volteaban para mezclar completamente el material, y como hacemos hoy, colocando el material exterior en el núcleo y viceversa.

Un mes después de empezar, o unas dos semanas después del primer volteo, se volvía a voltear la fosa o pila. Se añadiría más agua. Esta vez se bifurcaba toda la masa de una mitad de la fosa a la otra y se hacía todo lo posible por esponjar el material mientras se mezclaba a fondo. Y se sacaban unas cuantas cargas de material para inocular una fosa de 15 días.

Pasaba otro mes, es decir, unos dos meses después de empezar, y por tercera vez se volteaba el compost y se dejaba madurar. Esta vez se saca el material de la fosa y se apila sobre la tierra para aumentar la aireación. En esta última fase no habría peligro de favorecer las altas temperaturas, pero el aumento del oxígeno facilitaría la fijación del nitrógeno. El contenido de varias fosas podría combinarse para formar un montón no mayor de 10 x 10 en la base, 9 x 9 en la parte superior, y no más de 3-1/2 pies de altura. De nuevo, se puede añadir más agua. La maduración duraría aproximadamente un mes. Las mediciones de Howard mostraron que después de un mes de maduración el compost terminado debería utilizarse sin demora o se perdería el precioso nitrógeno. Sin embargo, hay que tener en cuenta, al considerar este breve periodo de maduración, que el montón ya era todo lo potente que podía llegar a ser. El problema de Howard no era mejorar aún más la relación C/N, sino conservar el nitrógeno.

EL VALOR SUPERIOR DEL COMPOST INDORE.

Howard dijo que el compost Indore terminado era dos veces más rico en nitrógeno que el estiércol de granja ordinario y que su objetivo era un compost con una relación C/N de 10:1. Dado que se refería a estiércol largo, supongamos que la relación C/N de una pila nueva comienza en 25:1.

La relación C/N de la vegetación recogida durante el año es muy variable. Las hierbas y leguminosas jóvenes tienen un alto contenido en nitrógeno, mientras que la paja seca de las plantas maduras tiene una relación C/N muy elevada. Si el compost se hace a medida que se va recogiendo, utilizando los materiales a medida que están disponibles, los resultados serán muy erráticos. Howard había intentado hacer compost con materiales vegetales aislados, como residuos de algodón, basura de caña, malas hierbas, trébol dulce verde fresco o residuos de guisantes de campo. Estos experimentos fueron siempre insatisfactorios. Así que Howard mezcló sabiamente su vegetación, primero marchitando y secando los materiales verdes esparciéndolos finamente al sol para evitar su descomposición prematura, y luego teniendo mucho cuidado de preservar una mezcla uniforme de tipos de vegetación al cargar sus pozos de compost. Esta estrategia puede ser duplicada por el jardinero doméstico. Howard se sorprendió al descubrir que podía compostar todos los residuos de las cosechas que tenía a su disposición con sólo la mitad de la tierra de orina y una cuarta parte del estiércol de buey que tenía. Pero el estiércol fresco y la tierra de orina eran esenciales.

En los años 20 estaba de moda un proceso patentado para hacer compost con un fertilizante químico llamado Adco y Howard lo probó. De la utilización de productos químicos dijo:

"El punto débil de Adco es que no hace nada para superar una de las grandes dificultades del compostaje, a saber, la absorción de humedad en las primeras etapas. Cuando hace calor en la India, las fosas de Adco pierden humedad tan rápidamente que la fermentación se detiene, la temperatura se vuelve irregular y luego desciende. Sin embargo, cuando se utiliza tierra de orina y estiércol de vaca, los residuos se cubren con una fina película coloidal, que no sólo retiene la humedad sino que contiene el nitrógeno y los minerales combinados que necesitan los hongos. Esta película permite que la humedad penetre en la masa y ayuda a los hongos a establecerse. Otra desventaja de Adco es que, cuando se utiliza este material según las instrucciones, la relación carbono-nitrógeno del producto final es más estrecha que la ideal de 10:1. Es casi seguro que el nitrógeno se pierde antes de que el cultivo pueda aprovecharlo"

El estiércol fresco de vaca contiene enzimas digestivas y bacterias vivas especializadas en la descomposición de la celulosa. Disponer de un suministro regular de este material ayuda a iniciar la descomposición sin demora. También ayudó la aportación de grandes cantidades de microorganismos en crecimiento activo mediante la inoculación masiva de material procedente de un montón de dos semanas. La segunda inoculación masiva a las dos semanas, con material de un montón de un mes de antigüedad, proporcionó un gran suministro del tipo de organismos necesarios cuando el montón comenzó a enfriarse. Los jardineros de la ciudad que no tienen acceso a estiércol fresco pueden compensar esta carencia imitando la técnica de inoculación masiva de Howard, comenzando con cantidades más pequeñas de compost en una serie de cubos y mezclando en cada cubo un poco de material del más antiguo en cada volteo. El contenedor de compostaje pasivo de patio trasero duplica automáticamente esta ventaja. Contiene simultáneamente todas las etapas de descomposición e inocula el material de arriba por contacto con el material más descompuesto de abajo. El uso de inoculantes preparados en un contenedor de compostaje continuo es innecesario.

Los jardineros de la ciudad no pueden obtener fácilmente tierra de orina. Tampoco es probable que los jardineros del campo americano con ganado estén dispuestos a hacer tanto trabajo. Recuerde que Howard utilizó tierra de orina por tres razones. Primero, contenía una gran cantidad de nitrógeno y mejoraba la relación C/N inicial del montón. Segundo, es ahorrativa. Más de la mitad del contenido en nutrientes de los alimentos que pasan por el ganado se desecha en la orina. Pero, igualmente importante, la propia tierra era beneficiosa para el proceso. De esto Howard dijo, "[donde] puede haber insuficiente tierra de estiércol y orina para convertir grandes cantidades de desechos vegetales que están disponibles, la escasez puede ser suplida por el uso de nitrato de sodio.... Si se emplean tales artificios, será una gran ventaja hacer uso de la tierra". Estoy seguro de que habría hecho comentarios muy similares sobre la adición de tierra cuando se utiliza estiércol de pollo, o concentrados orgánicos como las harinas de semillas, como sustitutos de estiércol de ganado.

El control del suministro de aire es la parte más difícil del compostaje. En primer lugar, el proceso debe ser aeróbico. Esta es una de las razones por las que los montones de un solo material fracasan, ya que tienden a compactarse demasiado. Para facilitar el intercambio de aire, las fosas o montones nunca tenían más de 60 cm de profundidad. Cuando el aire es insuficiente (aunque sigue siendo aeróbico) la descomposición se retrasa, pero lo que es peor, se produce un proceso llamado desnitrificación en el que los nitratos y el amoníaco se descomponen biológicamente en gases y se pierden permanentemente. El exceso de estiércol y de tierra de orina también puede interferir con la aireación al hacer la pila demasiado pesada, estableciendo condiciones anaeróbicas. El gráfico ilustra la desnitrificación causada por una aireación insuficiente en comparación con la conversión del proceso de compostaje en una fábrica biológica de nitratos con una aireación óptima.

Por último, los jardineros modernos podrían reconsiderar la limitación de la temperatura durante el compostaje. La India tiene un clima muy cálido con noches templadas la mayor parte del año. Los montones de dos o tres pies de altura alcanzarán una temperatura inicial de unos 145 grados. La compra de un termómetro con una sonda larga y un poco de experimentación le mostrarán las dimensiones que más o menos duplicarán los regímenes de temperatura de Howard en su clima con sus materiales.

INOCULANTES

La técnica de Howard de inoculación masiva con grandes cantidades de material biológicamente activo procedente de montones de compost más antiguos acelera y dirige la descomposición. Suministra grandes cantidades de los tipos de microorganismos más útiles para que dominen la ecología de la pila antes de que otros tipos menos deseables puedan establecer poblaciones significativas. No puedo imaginar cómo la venta de inoculantes en masa podría convertirse en un negocio.

Pero imagina que sembrar un nuevo montón con pequeñas cantidades de microorganismos superiores podría acelerar la descomposición inicial y dar lugar a un producto mucho mejor. Eso podría ser un negocio. Este enfoque no carece de precedentes. Los cerveceros, los vinateros y los panaderos lo hacen. Y desde que el compostaje se convirtió en algo interesante para los agricultores y jardineros del siglo XX, los empresarios han estado inventando iniciadores de compost destinados a ser añadidos por onzas a la yarda cúbica.

A diferencia de la inoculación masiva utilizada en Indore, estos inoculantes son una población minúscula comparada con los microorganismos ya presentes en cualquier pila. En este sentido, inocular el compost es muy diferente a la cerveza, el vino o el pan. En estos productos alimenticios hay pocos o ningún microorganismo al principio. El inoculante, por pequeño que sea, sigue introduciendo millones de veces más organismos deseables que los tipos silvestres que puedan estar ya presentes.

Pero los materiales que se reúnen en un nuevo montón de compost ya están cargados de microorganismos. Al igual que cuando se hace chucrut, lo que se necesita está presente al principio. No es probable que un pequeño paquete de inoculante introduzca lo que no está presente de todos modos. Y la compleja ecología de la descomposición sufrirá sus inevitables cambios a medida que los microorganismos respondan a las variaciones de temperatura, aireación, pH, etc.

Este es un área de controversia en la que me siento cómodo buscando el consejo de un experto. En este caso, la autoridad es Clarence Golueke, que investigó y desarrolló personalmente el compostaje rápido de la U.C. a principios de la década de 1950, y que ha estado desarrollando sistemas de compostaje municipal desde entonces. La bibliografía de este libro recoge dos útiles trabajos de Golueke.

Golueke ha realizado pruebas de comparación de iniciadores de compost de todo tipo porque, en su negocio, los empresarios intentan constantemente vender inoculantes a las operaciones municipales de compostaje. De estos vendedores, Golueke dice con un desprecio apenas disimulado

"La mayoría de los empresarios de iniciadores incluyen enzimas en la lista de ingredientes de sus productos. Los antecedentes de esta inclusión son paralelos a la introducción de versiones supuestamente avanzadas de los iniciadores, es decir, "avanzadas" en términos de mayor capacidad, utilidad y versatilidad. Así, a principios de los años 50 (cuando [yo] aparecí en la escena del compost), los iniciadores eran principalmente microbianos y las referencias a las identidades de los microbios constituyentes eran muy vagas. Las referencias a las enzimas eran muy escasas. A medida que los primeros investigadores ("pioneros") empezaron a publicar informes formales e informales sobre los grupos microbianos (por ejemplo, los actinomicetos) observados por ellos, también empezaron a hacer conjeturas sobre las funciones de esos grupos microbianos en el proceso del compost. Estas conjeturas iban acompañadas a menudo de conjeturas sobre el papel que desempeñaban las enzimas.

Casualmente, los vendedores de iniciadores en boga en aquella época empezaron a afirmar que sus productos incluían los grupos microbianos recién declarados, así como una serie de enzimas. Por alguna razón, las hormonas estaban llamando la atención en ese momento, por lo que la mayoría de los arrancadores estaban supuestamente cargados de hormonas. Con el tiempo, las hormonas empezaron a desaparecer del panorama, mientras que las enzimas pasaron a tener una importancia paralela a la concedida al componente microbiano".

Golueke ha elaborado métodos de comprobación de los iniciadores que eliminan cualquier efecto aleatorio y demuestran de forma concluyente su resultado. Inevitablemente, y en repetidas ocasiones, comprobó que no había diferencia entre utilizar un iniciador y no utilizarlo. Y dice: "Aunque los relatos anecdóticos sobre el éxito debido al uso de un inóculo particular no son inusuales en los medios de comunicación populares, todavía no hemos encontrado relatos de éxito sin reservas en la literatura científica y técnica arbitrada." Yo utilizo una variante de la inoculación masiva cuando hago compost. Mientras construyo un nuevo montón, periódicamente raspo y arrojo unas cuantas palas de compost y tierra de donde se hizo el montón anterior. Francamente, si no lo hiciera no creo que el resultado fuera peor.